王陽明哲學

蔡仁厚 著

三民書局

國家圖書館出版品預行編目資料

王陽明哲學／蔡仁厚著.——三版六刷.——臺北市：
三民，2023
面；　公分.——（哲學）

ISBN 978-957-14-6596-8 （平裝）
1. (明)王守仁 2. 學術思想 3. 陽明學

126.4　　108002990

哲學

王陽明哲學

作　　者　蔡仁厚
發 行 人　劉振強
出 版 者　三民書局股份有限公司
地　　址　臺北市復興北路 386 號 (復北門市)
　　　　　臺北市重慶南路一段 61 號 (重南門市)
電　　話　(02)25006600
網　　址　三民網路書店 https://www.sanmin.com.tw

出版日期　初版一刷 1974 年 10 月
　　　　　二版三刷 2014 年 4 月
　　　　　三版一刷 2019 年 4 月
　　　　　三版六刷 2023 年 10 月
書籍編號　S120370
I S B N　978-957-14-6596-8

三民書局

自序

王陽明從小就有志於做聖賢，他一生思想的發展，最能表徵一個人的人格學問成長的過程。他少年時期的執著認真與躍動狂放，正顯示他性情的真摯與生命的不羈。而且這種情形一直延續到他三十七歲龍場悟道。他成學前的三變，是真變——異質的轉變；悟道後的三變，則是同質的發展，是同一系統的圓熟完成。我們可以這樣說，前三變，是他「自我發現」的過程；而後三變，則是他「自我完成」的過程。本書第一章所提供的，便是了解陽明思想由發展到完成的一條線索。

陽明講學的宗旨是「致良知」。但致良知不是一句言談，亦不是一種論說，而是真切的道德實踐工夫。而道德實踐的目的是「立己立人」「成己成物」，所以陽明的良知之學是成德之教，是聖賢學問。這套學問源遠流長，而包涵的義理亦極為淵深宏博，發展到陽明的良知之學，更達於精微透徹的境地。明代中葉以後，王學風行天下，成為歷史上最顯赫的學派之一。但王門泰州派下轉出了所謂「狂禪」，接著明代又亡於異族，於是從顧炎武起，便對王學有了誤解與攻訐，清代的御用學者更視王學為異端。但歷史總是公正的，王學的光采畢竟掩蓋不住。如今，無論東西方的學者，對於陽明學的卓越性，都愈來愈加重視了。

不過，要真正了解陽明學（實則程朱陸王皆然）而作相應的表述，亦不是很容易的事。以西方的尺度來衡量中國的學問，尤其難以相應。中國先哲講學，自有宗趣，自有義法，與西方學問的軌轍不盡相同。因此，本書不取時下流行的，將某家某人的思想學說，分列為什麼論什麼說的講法。那種講法，大體是以西方哲學的模式，來排比肢解中國的學問，是出主入奴的做法，而日本人似乎是始作俑者。中國人起而效之，無異西施效東施，是很不智的。論學當然貴會通。但必須彼此以學問的真本性真面貌站出來，以相磨相盪、相融相即，而後可。我們如果對中國學問不能有相應的了解與中肯的表述，如何能透顯它的真本性真面貌、以與西方哲學相會通？「道並行而不相悖」，但如對於中國學問的軌轍脈絡都弄不清楚，則我們將以什麼「道」來與別人「並行」？因此之故，我認為誠實負責地做了解的工作，仍然是當前學術界最為切要的事。先了解自己之何所是，再了解他人之何所是，然後，思想的脈絡才能顯現，學問的標準才能樹立。假如這步工作做不到，則所謂「會通」，只是侈言而已。

自從滿清入主，文化慧命隨之而斬，中國學問的真義，已沉埋了三百年。民國以來，上承清代之餘勢，學風士品始終挺拔不起，既無軒昂超邁之象，又失敦篤樸厚之德。一般知識分子，大多求速成、走捷徑，而不知植根立本。企高兩腳，意態飛揚，看似自視甚高，實則自待甚淺。結果是苗而不秀，秀而不實，故成器者少。數十年中，雖賴三五賢哲孤明獨照，以抉隱發微，使中國學問的真本性真面貌漸次朗現，其奈知之者鮮而信從者少何！

近年承乏「宋明理學」一課，自度才識慧悟，未足上企先哲於萬一，因此，雖志存乎高遠，而心實歸於平正。我不歆羨時下學術界的各種風光熱鬧，亦不屑於今人爭欲自立一說的虛矜心理，我目前所致力的，只是對先哲之學作相應的疏解與表述。我希望在商量舊學之中，日漸涵養新知。我亦相信漸次磨勘，熟而生巧，將來總有孤明自發之時。若終未能，則是力有不及，亦無可悔。語云：「人之有善，若己有之。」為學如果沒有服善之心，真理終將離我們而遠去。反之，一念真誠，量力盡分，「賢者識其大者，不賢者識其小者」；細大不捐，義無隱棄，真積力久，水到渠成，則儒聖先哲之學，終有光大發皇之日。

這本書，是我研究王陽明的一點成績。此外，對於北宋周、張、二程之學，南宋朱、陸之學以及湖湘學統，亦希望能絡續有所撰述。此書以疏解陽明之本義原義為主，所以凡有所述，都是根據陽明本有之義而作解說，即使是推進一步的闡釋，亦是就王學義理本有應有之義而作發明。我認為必須如此，才能不失學問的義法，以免於歧出而失度。書中各章，有些曾發表過：第一章刊於香港新亞研究所《中國學人》第五期。第二章刊於《孔孟學報》二十八期。第六章最先寫成，編入中華學術院為紀念王陽明誕生五百週年而印行的《陽明學論文集》，現略作修訂編入本書。第七章刊於《哲學與文化》第五期。第八章刊於韓國《東洋文化》年刊。另外，附錄二曾刊於《華學月刊》，後又編入《陽明學論文集》第二輯，但此文有若干疏略欠當之處，現特予删正，編入本書為附錄。

從事陽明學之研究，國內雖不乏其人，但數十年來關於陽明學的專著，除了業師牟先生二十年前出版的《王陽明致良知教》以外，似乎還沒有見到第二部。本書表述陽明之學，雖義有所承，而疏誤或所難免，尚祈邦人君子不吝教正。

蔡仁厚自序於華岡哲學系

六十二年八月

編按：本書內容嚴謹、說解精詳，長年來在學術界與讀者之間迭有好評，歷久不衰。此次再版，我們更新了版式設計，同時修正了舊版少數錯漏，在為讀者提升閱讀上的便利性與舒適度的同時，也期望在「王學」直指本心、實踐德性的理念，及其「無善無惡心之體，有善有惡意之動，知善知惡是良知，為善去惡是格物」四句教的指導下，讓現代社會每一分子都能體解回歸真心、體貼天理的自然。

目錄

第一章　陽明思想的演變與發展

陽明（一四七二—一五二八）一生思想的演變與發展，最能表徵一個人的生命人格成長圓熟之過程。所以陽明思想發展的線索，亦就是他「自我發現」與「自我完成」的歷程。茲分三節，略作論述。

第一節　少年時期的企向

一、靈光爆破

陽明從小就聰慧過人。《年譜》記載他十一歲時，跟著祖父竹軒翁到北京去，路過金山寺，竹軒翁和客人即景賦詩，正沉吟間，陽明在旁倒先做成了：

　金山一點大如拳　打破維揚水底天
　醉依妙高臺上月　玉簫吹徹洞龍眠

客人見了他的詩，大為驚異。又出題叫他做〈蔽月山房〉詩，陽明隨口應道：

　山近月遠覺月小　便道此山大於月
　若人有眼大如天　還見山小月更闊

這小孩不但才思非常敏捷，而他的胸襟眼界，更是超異常人。

到了北京，他父親很為他豪邁不羈的性行而擔憂，第二年便為他延請塾師，嚴加管教。但施教的內容也只是一些科舉時文之類；十二歲的陽明，便已對這些感到不耐了。有一天他問塾師：「何為第一等事？」塾師答道：「惟讀書登第耳。」但陽明卻不以為然，他說：

登第恐未為第一等事，或讀書學聖賢耳。

陽明覺得科舉登第，縱然像父親一樣中了狀元（陽明十歲時，其父龍山公中進士第一甲第一人），也是三年就有一個，這如何便是第一等事？在他小小的心靈裡，認為只有讀書學聖賢，完成自己的德性人格，才是天地間第一等事，才算第一等人。他一下子靈光爆破，透顯出了他對聖賢學問與聖賢人格的企向，這當然是很不平凡的。

若說一個小孩何以有這麼高遠的企向？除了陽明自己那不平凡的生命之外，實因希聖希賢，本是古人講學的普遍意識——學，所以學做人；做人，則必以聖賢為法。而超凡入聖，根本不是科第功名的事，而是宗教家所謂「重生」的事。人不重生，便永遠只是個凡夫俗子，縱然出將入相，也仍然算不得第一等人、第一等事。可惜這個普遍的意識，在現代的教育裡已經若有若無了。現代的教育，實在只是知識技能的教育，在一般知識分子的意識裡，只是看重那科名學位之「人爵」，而不知「修其天爵」。因此，教者與受教者，都似乎欠缺「脫胎換骨，超凡入聖」的自覺與要求，更沒有希聖希賢的器識與志概。須知「志念高則品高，志念低則品低」。大家兩眼只望著那科名學位，心裡只想著那科名學位，那是不可能有真學問真人品的。沒有真人品真學問，又那裡能做出真事業來？陸象山的〈白鹿洞書院講義〉，指出當時的士子自開始讀書便落於利祿之途，自少至老、自頂至踵，無非為利。他的話說得朱子動心出汗，在座的人甚至有感激流涕的。但如果象山是在今日的學校禮堂裡，對著黑壓壓一大堆的人說那些話，恐怕大家都會是「無動於衷」的吧！孟子說：「今茅塞子之心矣。」什麼時候能把阻塞在我們心靈中的那把茅草拔出來，我們也就能「茅塞洞開」「靈光透顯」，而企向乎聖賢了。

不過，陽明說那句話，亦只是他那不平凡的生命，一下子靈光爆破；在當時，他實在還沒有立定「必為聖賢」之志，因為他畢竟年歲很小，他那豪邁不羈的性格，也還不能使他自己落實下來走聖賢的路，要進入聖賢學問的門徑，還有著一長段崎嶇多歧的路要他經歷哩。

二、執著與躍動

陽明是一個有多方面興趣的人，他生命中似乎有著一股不可抑遏的力量，隱隱地鼓舞著他熱烈地追求，追求他興趣所及的每一件事。他一方面非常執著，一方面卻又非常躍動。因為執著，所以認真；因為躍動，所以狂放。而這種性格，在他成學之前，表現得尤為強烈而明顯。（按：所謂狂放，只是生命的不羈，它亦是一種真，假不來的。普通的張狂、狂妄，以及文士的蕩檢逾閑，則只是肆無忌憚，只是生命的放肆塌落，根本不是狂放，更說不上是狂者了。）

他十五歲時出遊居庸三關，便慨然興起經略四方之志，而嚮慕著英雄豪傑的行徑。為了探詢胡人的部落種別，察看塞外的地理形勢，研討防禦的策略，他這次的邊塞生活，差不多有一個月之久。

十七歲的秋天，陽明奉親命，從浙江家鄉到江西南昌迎親。成婚之日，他隨步走進一座道觀——鐵柱宮，看到一個道士正在打坐。陽明因著他那不可羈束的好奇心與浪漫的情趣，便向道士叩問養生之道，並試著和道士對坐；又因他執著認真的性情，一坐竟然忘歸！他岳丈派人追尋，直到次日早晨才把他找到。可見即使是世人歆羨的小登科——洞房花燭夜，也仍然拖泥不住他那躍動的生命。在常人如發生同樣的事，必是由於荒唐；而在陽明，卻是由於生命的不羈與性情的真摯。一念真摯，不管天，不管地，當然更不管洞房花燭了。但卻不是故意不管，他若是故意不管，存心做作，便是虛偽，而不是真摯。

次年，陽明偕同新夫人回浙江，路過廣信（今江西上饒），特地去拜謁當時的大學者婁諒（號一齋）。婁氏為他講述宋儒格物之學，並勉勵他：「聖賢必可學而至。」陽明聽了，深有所契。從此嚮慕聖學，而與宋儒講學的傳統開始接上頭了。

以上所述，是陽明少年時期所顯示的企向。他或者從混蒙中靈光爆破，而企慕聖賢；或者嚮往英雄豪傑的行徑，慨然有經略四方之志；或者又想著超塵出俗，要學養生之道；終而受到一位儒者的指點，而契慕聖賢之學。但他畢竟還年輕，他的生命仍是不安穩的。下文我們將敘述他成學之前的三變。

第二節　王學的前三變——異質的轉變

黃梨洲在《明儒學案》卷十，〈姚江學案〉中有下面一段話：

先生之學，始泛濫於詞章。繼而徧讀考亭（朱子）之書，循序格物。顧物理吾心，終判為二，無所得入。於是出入佛老者久之。及至居夷處困，動心忍性，因念聖人處此，更有何道？忽悟格物致知之旨。聖人之道，吾性自足，不假外求。其學凡三變而始得其門。

這裡所說的三變，是「得其門」之前的三變，這是不同內容不同趨向的、異質的轉變。

一、泛濫於詞章

陽明從小有志於做聖賢，所以在他二十一歲鄉試中式（中舉人）之後，便正式遵守朱子格物之說做窮理工夫。朱子認為眾物有表裡精粗，一草一木莫不有理，於是陽明便與友人取竹子來格。他的朋友格了三天，便病了。他繼續格下去，終於格不出道理來，第七天亦病倒了。這到底是朱子的格物說有問題呢？還是自己不懂呢？他不能斷定。他只覺得聖賢是有分定的，不是人人可做的。在他沒有悟出頭緒之前，他那遏抑不住的生命，便轉而隨世俗學習辭章了。這個階段，竟連續五六年之久。

二十二歲，陽明會試落第，親友來相慰勉，時相李西涯（東陽）笑道：「你今年不中，下一科必能中個狀元，你先來做一篇狀元賦吧。」陽明聽了，即時揮筆而就。諸老群公齊聲驚嘆道：「天才，天才！」但陽明太露才了，事後有人忌妒他，便說：「此子若取高第，目中無我輩矣！」三年之後的會試，陽明果然為忌者所抑，再度落第。有一位同舍的落第舉子自感羞愧，陽明卻對他說：「世人以落第為恥，我則以落第而動心為恥。」他真是一個意氣昂揚，心胸豁達的人。這一年（二十五歲）他回到家鄉餘姚，組織詩社。鄉前輩魏瀚，平時以雄才自放，但當他與陽明對奕聯詩，凡有佳句，卻幾乎全為陽明所得。面對這麼一位可畏的後生，他心服了，說：「老夫當退避三舍。」

之後，陽明中了進士，觀政於工部，與當時的詩文之士喬宇、汪俊、李夢陽、何景明、顧璘、徐禎卿、邊貢等人，以才名爭馳騁（見〈行狀〉）。其中李夢陽與何景明，便是所謂「前七子」的領導人物。但辭章之學到底不能羈絡陽明，他生命中躍動的興趣又要轉向了。

二、出入佛老

在二十七歲那年，陽明感到「辭章藝能，不足以通至道」，想求師友於天下，又難得其人，為此心中惶惑不安。有一天他讀朱子〈上光宗疏〉，看到下面幾句話：「居敬持志，為讀書之本；循序致精，為讀書之法。」乃悔恨往日探討雖博，卻沒有循序以致精，難怪無所得益。於是又第二度循著朱子的路，做窮理工夫。這一次雖然「思得漸漬洽浹」，但仍然無所得。而且他發覺順朱子之路走，事物之理與我的本心，終分為二，打不成一片，這時他已覺識到問題的癥結所在了。在陽明看來，物理與吾心之「為一或為二」，不只是一個哲學思辯的問題，亦不是一個知識上的問題，而是與做聖賢有著密切關係的問題。因為如果理在外而不在吾心，縱然把竹子草木之理格得明明白白，又與我做聖賢成人格有何關係？有何緊要？這是他心中最大的煩悶所在。而他又悟不出心與理如何歸一，於是心情抑鬱，舊病復發，更覺得聖賢有分，不是人人能做的。這時他偶聞道士談養生，於是便動了入山修道的念頭，而漸漸留心仙道，講究佛學。

三十歲，陽明因公事之便，遊九華山。有一位道士善於談仙，陽明以客禮相待，並向他請教仙道，道士說：「還沒到時候。」陽明乃屏退左右，延引他到後亭，再拜而請問，道士又說：「還沒到時候。」陽明問之再三，道士說：「你從前堂到後亭，禮雖然很隆重，但始終不忘官相。」陽明倒是很豁達，聽他這麼說，便一笑而別。九華山地藏洞有一位異人，「坐臥松毛，不火食」，陽明知道了，又引起好奇之心，便攀緣險巖去看他。到達時，那人正在酣睡，陽明撫其足，那人醒而驚問道：

「路險，何得至此？」於是便為陽明談論佛家最上乘的道理，並且說：「周濂溪、程明道，是儒家兩個好秀才。」後來陽明曾再去找他，但那人已經離去了，陽明悵然，而有「會心人遠」之嘆。

三十一歲，陽明從北京告病歸越（今浙江紹興），在陽明洞正式做修煉工夫，行導引術，終於修到能夠「先知」的地步。一日坐在洞中，忽見他的朋友王思輿等四人出城門，便命僕人趕去迎接，僕人循路迎客，果然與四人相遇，大家都很驚訝，以為陽明得道了。但過了一些時候，他又覺得這是「簸弄精神」，不是道，便放棄了。但心中還是想離世入山，只因惦念祖母與父親（母與祖父已先去世）遲疑不能決。後來忽然覺悟：愛親之念生於孩提，此念若拋棄，便是「斷滅種性」了。

次年，他離開陽明洞，轉到西湖養病，又想著要出世做一番事業。有一天遊寺廟，看見一個禪僧閉關，據說已經三年不曾說話，不曾開眼了。陽明忽對他大喝一聲，說：「你這個和尚，一天到晚口巴巴地說些什麼？眼睜睜地看些什麼？」那僧人大吃一驚，心想：「我三年不曾說過一句話，你卻問我口巴巴說些什麼，我三年不曾開過眼，你卻問我眼睜睜看些什麼，你這話好奇怪呀！」於是不覺睜開兩眼，開口與陽明說起話來。陽明問他家裡還有什麼人，答道：「有老母。」再問：「想念嗎？」答道：「不能不想。」陽明便告訴他，愛親出於本性，人怎能用閉眼閉口來堵塞愛親的念頭呢？一番話把禪僧說得感動流淚，第二天便回家了。

陽明既悟釋老之非，表示他的心思已從孝弟一念直接歸到仁心天理，而當下承擔，決不動搖了。到此之時，心與理為一或為二的大疑團或大煩悶，便已到了徹底解決的時候。但這需要有一步大開悟，這步大開悟又須等待一個大機緣。而這個機緣，要到三十七歲他在龍場動心忍性之時，方才到來。

三、龍場悟道

在龍場之前幾年，我們可以看出陽明已一步步歸向生命的正途了。三十三歲他主考山東鄉試，親撰《鄉試錄》，論及佛老當道，是由於聖學不明；綱紀不振，是由於名器太濫、用人太急、求效太速。其他如禮樂之制，分封清戎，禦夷息訟，皆有成法。頗顯示他經世之學的深博。第二年，陽明並倡身心之學於京師，教人先立必為聖賢之志，聞者漸覺興起，也有願意執贄及門的。但師友之道久廢，一般人大多溺於詞章記誦，不復知有身心之學，所以反而把陽明的講學看做是立異好名。在當時的朝士大夫中，只有陳白沙的弟子湛甘泉與陽明一見定交，共以倡明聖學為事。

三十五歲，武宗即位，宦官柄政，南京科道戴銑等上諫忤旨，逮下詔獄。這時陽明又從內心湧出義憤，抗疏上救，結果觸怒太監劉瑾，亦下詔獄，廷杖四十，死而復甦。不久，並被遠謫到貴州龍場去做驛丞。次年夏天赴謫，劉瑾派人跟蹤，意欲加害，陽明幾遭不測，輾轉流徙，萬里跋涉，終於到了龍場，這時已是他三十七歲的春天了。

龍場在今貴州修文縣境，地處萬山叢棘之中，蠱毒瘴癘，蛇虺侵人，而苗夷之人，言語不通，能夠通話的，只有一些中土亡命之徒——那真是一個非人所居的地方。加上劉瑾憾恨不已，隨時有受暗害的可能。陽明此時，自覺得失榮辱都能超脫，只有生死一念橫於胸中，尚未化除。他特意造了一個石棺，自誓道：「吾惟俟命而已。」於是「日夜端居澄默，以求靜一。久之，胸中灑灑，而從者皆病。」陽明此時之「俟命」，是表示將現實中的一切，全部放棄。不但得失榮辱不在念中，連自己生死的「意志」亦予以否定。如此全部剝落淨盡，即是孟子所謂「空乏其身」。因為身不空乏，則心不充實，而一體之仁心真體亦不能呈現。陽明「日夜端居澄默，以求靜一」，正是要澄汰膠著於現實的得失榮辱與生死之念，以期生命的海底湧現光明的紅輪。他「胸中灑灑」，便是紅輪湧現前一刻的徵候。然而他的從者沒有他這樣豁達的胸懷，更沒有他如此真切的道德踐履之自覺，他們在這非人所居的地方，很快便病倒了。陽明為他們劈柴挑水作食，又詠詩歌、唱俚曲，並雜以詼笑，為他們娛樂安慰。陽明心想，若是聖人處於此境，他還有更好的方法否？恐怕也只是像我這樣做吧！半夜裡，他忽然大悟，彷彿寤寐中有人告訴他似的，呼躍而起，從者皆驚。從此便發明了格物致知的學說。

根據《年譜》的記載，陽明龍場大悟的重要關節是說：「聖人之道，吾性自足。向之求理於事物者，誤也。」求理於事物，即是求理於心外，這是朱子的路。而陽明在此大剝落之後的大開悟中，所親切印證的，則是「徹通人我物我之界限，而為人生宇宙之大本」的仁心真體。（陽明後來所揭示之「良知」，即指此仁心真體而言。）他所悟的並不是《大學》原文如何解釋的問題——陽明對《大學》「格物致知誠意正心」當然有他的解釋，但那是以後的事。而龍場當時之悟道，則可以用他自己的一句話來說明。陽明曾說：

四書五經，不過說這心體。（見《傳習錄》上）

四書五經講的是聖賢學問。聖賢學問是「生命的學問」，屬於內容真理。凡內容真理，皆繫於一念之覺醒，皆繫屬於心體。離開心體，便沒有聖賢學問。如《論語》以「仁」為主，《孟子》以「性善」為主，《中庸》以「誠」「中和」「慎獨」為主，《大學》以「明明德」「誠意」為主。《詩》以「溫柔敦厚」為教，《書》以「百王心法」為教，《易》以「窮神知化」為教，《春秋》以「禮義大宗」為教，《禮》以「親親尊尊」為教。——凡此，皆是屬於內容真理而不能脫離主體者。主體即是心，所以說「四書五經，不過說這心體」。而龍場大悟所印證的，也正是這個仁心真體。故《年譜》在記述陽明大悟之後，接著又說「乃以默記五經之言證之，莫不脗合」。所謂脗合，當然不是字面上的事，而是說經文義旨，亦無非發明心體而已。陸象山所謂「六經皆我註腳」，其意亦是說：六經千言萬語，不過為我的本心仁體多方印證而已。陽明龍場悟道，便是悟的這個道。契切於此，則物理吾心自然歸一。而陽明十年困惑，至此遂告解決。我們如果不明此意，而緊緊把住《大學》原文以求陽明所悟的格物致知之旨，則是所謂「刻舟求劍」，劍去遠矣！

第三節 王學的後三變——同質的發展與完成

《明儒學案》又云：

自此（龍場悟道）之後，盡去枝葉，一意本原。以默坐澄心為學的。有未發之中，始能有發而中節之和。視聽言動，大率以收斂為主，發散是不得已。江右以後，專提致良知三字。默不假坐，心不待澄，不習不慮，出之自有天則。蓋良知即是未發之中，此知之前，更無未發；良知即是中節之和，此知之後，更無已發。此知自能收斂，不須更主於收斂；此知自能發散，不須更期於發散。收斂者，感之體，靜而動也；發散者，寂之用，動而靜也。知之真切篤實處即是行，行之明覺精察處即是知，無有二也。居越以後，所操益熟，所得益化。時時知是知非，時時無是無非。開口即得本心，更無假借湊泊，如赤日當空而萬象畢照。是學成之後，又有此三變也。

這後三變與前三變不同。前三變是異質的轉變，後三變則是一根同質的發展，是同一個系統的圓熟完成，在工夫上雖有困勉與純熟之別，在義理骨幹上則並沒有什麼改變。

一、默坐澄心

陽明在瀕臨生死、百折千難中大悟之後，有如經歷一場大病，元氣初復，不能不珍攝保養。所以「以收斂為主，發散是不得已」。收斂，是意在復其本心，涵養真體。這裡把得定，發散時便能不差謬，所以說「有未發之中，始能有發而中節之和」。這「默坐澄心」的工夫，便是要辨識何者是「真我」（本心真體），何者是「假我」（習氣私欲）；將真我端得中正，則假我自然對照出來。這是在收斂之中，一步自覺的主客體分裂之工夫（主體指真我，客體指假我）。這步涵養省察的工夫，亦是初階段所必須經歷的。所以陽明或教人靜坐，或教人存天理、去人欲。茲引《年譜》幾段文字以供參證：

悔昔在貴陽舉知行合一之教，紛紛異同，罔知所入。茲來乃與諸生靜坐僧寺，使自悟性體，顧恍恍若有可即者。……所云靜坐事，非坐禪入定也。蓋因吾輩平日為事物紛拏，未知為己，欲以此補小學收放心一段功夫耳。明道云：才學便須知有用力處，既學便須知有得力處。諸友宜於此處著力，方有進步，異時始能有得力處也。

學者欲為聖人，必須廓清心體，使纖毫不留，真性始見。方有操持涵養之地。……常人之心，如斑垢駁蝕之鏡，須痛刮磨一番，盡去駁蝕，然後纖毫即見，才拂便去，亦不消費力。到此已是識得仁體矣。……凡人好易而惡難，其間亦自有私意習氣纏蔽，在識破後，自然不見其難矣。古之人至有出萬死而樂之者，亦見得耳。向時未見得裡面意思，此功夫自無可講處；今已見此一層，卻恐好易惡難，便流入禪釋去也。

這是《年譜》三十九歲下的二則記述。前一則是陽明謫期屆滿，赴任廬陵知縣，路過湖南常德，與門人冀元亨、蔣道林等會晤時的談話。陽明在龍場悟道之次年，應聘主講貴陽書院，曾提出「知行合一」之論。但學者沒有經歷涵養省察的工夫，對於陽明指點知行本體（即良知本體，亦即心體）的「知行合一」之訓，把握不住，所以「紛紛異同，罔知所入」。後來陽明教人採取「靜坐」的方式，正是要人察識真我與假我，以在「事物紛拏」之中呈露本心真體。所以說「欲以此補小學收放心一段功夫」。次一則，是該年十二月在北京與黃宗賢（後亦為陽明弟子）等人論學的話。所謂「廓清心體，使纖毫不留」，亦仍然是收斂察識之功。人能識破「私意習氣纏蔽」，刮垢磨光，就如撥雲霧而見青天，真性自然呈露，如此便是「識得仁體矣」。學者不到這個地步，無論說東說西，總不是功夫上的真切語，亦總沒有一個操持涵養的把柄。而陽明立教，都是從他自己的實踐中體悟而得，所以言之懇篤真切。

但一般士人科舉時文的積習太深了，滿腦滿腹盡是功名利祿之念。卑汙如此，是很不容易喚醒的。陽明為救時弊，又就「高明一路」接引學者，但顧此而失彼，學者又漸入空虛去了。《年譜》四十三歲下記載：

> 客有道：自滁游學之士，多放言高論，亦有漸背師教者。先生曰：吾年來欲懲末俗之卑汙，接引學者，多就高明一路以救時弊。今見學者，漸有流入空虛，為脫落新奇之論，吾已悔之矣。故南畿論學，只教學者存天理去人欲，為省察克治實功。

按陽明四十二歲冬在滁州督馬政，見諸生多務知解，口耳異同，無益於得；於是便教人靜坐，一時亦能窺見光景，頗收近效。但漸漸地有人喜靜厭動，流入枯槁；又有人務為玄解妙覺，動人聽聞。到四十三歲四月陞任南京鴻臚寺卿時，來從學的人日漸增多。陽明為使學者不蹈前病，便只教人以「存天理、去人欲」為省察克治的實工夫，而不再取靜坐的方式了。所謂天理，即是本心，即是真我；所謂人欲，即是私欲習氣，即是假我。「存天理、去人欲」，雖仍然是主客對照的涵養省察之工夫，但陽明這個宗旨，已漸漸地向良知之說而趨了。

二、致良知

陽明四十五歲陞都察院左僉都御史，巡撫南贛汀漳等處。次年正月到達江西贛州，自此直到五十歲，都在江西。他平諸寇，擒宸濠，在軍旅中講學不輟。這五年間，是他學問與事業的鼎盛時期。四十九歲因遭受武宗近側張忠許泰諸佞倖之忌恨讒毀，生死一髮，益信良知之學可以忘患難出生死。所以在五十歲時，便正式揭示「致良知」三字為口訣，成立講學宗旨。

陽明解《大學》之「致知」為「致良知」。致，是推致、擴充之意。「格物」則解為「正物」，而物者，事也。事，即是行為的終始過程。吾心之良知，不但知是知非、知善知惡，而且是是非非、好善惡惡，所以良知即是天理。將良知擴充到底，使它在行為的終始過程中作主宰，以是是而非非，好善而惡惡，則這個行為便必然是善的。表現一個善的行為，便是成就一件善的事，也就是物得其正；如此，則知亦致了，物亦格了。所以陽明說：

致吾心良知之天理於事事物物，則事事物物皆得其理矣。（見《傳習錄》中）

事事物物皆得其理，即是事事物物皆得其宜、皆得其正，也就是事事物物皆得其成了。這是陽明講致知格物與致良知教的主旨所在。

陽明在江右（江西）五年，一面講學，一面成事功。講學不輟，是提撕警覺，故精神凝聚；成事功，是事上磨練，故深切著明。這個時期的工夫造詣，已經超過第一階段之「默坐澄心」，而進到成熟之境了。玆依前引《明儒學案》之言，將此一階段的學養工夫之意義，分為三點說明如下：

㈠收斂與發散圓融而為一：此時，他已克服主客體分裂對立之境。所以說：「默不

假坐，心不待澄，不習不慮，出之自有天則。」（良知之天理即是天則）

(二)未發已發無先後之分：良知即是未發之中，亦是發而中節之和。從寂感說，良知即寂即感，它自能收斂，自能發散。所以說：「收斂者，感之體，靜而動也；發散者，寂之用，動而靜也。」所謂「靜而動」「動而靜」，意思是說，未發之中不是死靜，已發之和亦不是盲動——良知之體，靜而無靜，沒有靜相，它只是未發之中。良知之用，動而無動，沒有動相，它只是發而中節之和，只是天理流行。

(三)知與行合而為一：知得真切，知得篤實，便是行；行得明覺，行得精察，便是知。知的過程與行的過程是相終始的。所以陽明又說：「知是行之始，行是知之成。」陽明之「知行合一」必須納入他的「致良知教」中來講，它不是普通所說的「知識與行為」的問題。（按：知識與行為或理論與實踐的合一，雖然亦可以統攝到「知行合一」中來講，但一則陽明所倡說的知行合一與致良知之宗旨，並沒有關涉到這一層；二則要想說明這一層的意思，在理論上必須另作思想理路之開發。關此，請參看下第三四章。）

學問工夫到了這個境地，便可謂深透而無窒礙了。

三、圓熟化境

陽明在五十歲的秋天，自江西返浙江，次年遭父喪。此後五六年間，都在越中講學。五十六歲五月，奉命兼都察院左都御史，往征思田（思恩與田州，在廣西西北邊區）苗猺之亂。九月出發，年底抵任所，至次年春二月，不折一矢，不戮一卒，苗猺便感化歸服。七月，又便宜行事，襲平了明初以來屢征不服的八寨斷藤峽諸蠻賊。終於積勞成疾，上疏告歸。十一月，在歸途中卒於江西南安（今大庾縣）。所謂「居越以後，所操益熟，所得益化」，便是指他五十一歲以後的晚年境界——圓熟化境。

不習不慮的良知，並不是習氣中的直覺本能，而是隨時當下的真實呈現。（馮友蘭的《中國哲學史》，以良知為假設，熊十力先生嘗面斥之，曰：良知是個真實呈現，怎能說是假設？然馮氏終不悟。）工夫到了純熟之境，良知永現作主，所以「時時知是知非」；私意剝盡，了無執著，所以又「時時無是無非」。（按：無是無非，不是說不辨是非；而是說本體瑩澈，了無私意執著，便不會有由主觀好惡而生起的自以為是與自以為非。）凡是有所言說，皆是稱本心天理而發，無須假借湊泊，以遷就古人之成說或書本上的典故等等，此即所謂「開口即得本心，更無假借湊泊」之意。良知既已永現作主，它便是心靈中的太陽，便是真理之光。一切是非、善惡、誠偽、得失等等，亦都在良知之明的朗照之中而無微不顯。此時，天理自存，人欲自去，這就是陽明之學所以為「簡易直截」的地方。

這一點良知真宰，是我們最高最後的準則。這個準則，彷彿舟之有舵。一舵在握，「無論平瀾淺瀨，無不如意；雖遇顛風逆浪，舵柄在手，可免沒溺之患矣。」（〈與鄒東廓書〉）但「言良知須大悟，致良知須篤行」。若把良知當作一種光景玩弄，而不實落用功；或者誤以情識、意見、以及習氣中的直覺本能為良知，則不但辜負此知是知非知善知惡之良知真體，而且將會造成生命的乖舛泛濫與生活上的文過飾非，甚而敗壞世道人心與學術風氣。所謂王學末流之弊，正是由於對陽明致良知教的宗旨，不能真切把握之故。

學問自有「真」，那是假不來的。誤認光景情識為良知，這是「援假入真」，終必橫肆決裂，但這只是體認不夠真切，其情猶有可憫可恕之處。至於以良知為假設，則是「援真入假」，這不但事關心術，且將斷喪學脈；套句孟子的話，那便是「罪不容於死」了。筆者並無意危言聳聽，而是深感學問真理之尊嚴與人生踐履之艱難，才說這樣的重話的。熊十力先生常說：「為人不易，為學實難。」這是深知甘苦的老實話，亦是體驗有得的真切語。陽明一生的經歷，便是一個現成的例證。他成學前的三變，是「自我發現」的過程；悟道以後的三變，則是「自我完成」的過程。從「發現自我」到「完成自我」，亦正是他一生踐履的過程。這不是思辯的事，乃是實踐的事。由此可知，「自我」（德性的我）二字不應作概念看，而應作真實生命看。沒有對學問真理的真誠，不從事真實的道德踐履，而侈談「自我」，那必然會「認賊作子」，誤妄終生。

附識

・本章論述陽明一生思想之演變與發展，主要依據《陽明年譜》。《年譜》係由及門弟子錢緒山主稿，私淑弟子羅念菴校訂，完成於陽明卒後之三十五年。在先哲年譜中，最為精審。

・本章所述陽明之經歷學行，亦依據《年譜》。其他有關之徵引出處，皆已隨文註記，不再另列附註。

第二章 陽明學的基本義旨

第一節 良知之天理與感應

一、良知之天理

「良知」一詞，出於孟子。孟子從愛親敬長之心，指點人的良知。親親是仁，敬長是義；人之本心自發地知仁知義，這就是人的良知。推廣而言，不但知仁知義是良知，知禮、知是非（道德上的是非），亦是人的良知。陽明即依據此義，而以「良知」綜括孟子所說的四端之心。他說：

良知只是個是非之心，是非只是個好惡。只好惡就盡了是非，只是非就盡了萬事萬變。（《傳習錄》下）

良知只是一個天理自然明覺發見處，只是一個真誠惻怛，便是他本體。故致此良知之真誠惻怛以事親，便是孝；致此良知之真誠惻怛以從兄，便是弟；致此良知之真誠惻怛以事君，便是忠。只是一個良知，一個真誠惻怛。（《傳習錄》中，〈答聶文蔚〉）

前一則是將孟子所說的「是非之心智也，羞惡之心義也」兩者合一，而收攝於良知上講。因為是非之心的是非，乃是道德上的是非，道德上的是非亦就是羞惡（好惡）上的義不義，所以「是非」與「好惡」，其義一也。後一則是以「真誠惻怛」說良知，從「惻怛」方面說，是「惻隱之心仁也」；從「真誠」方面說，則「恭敬之心禮也」亦含攝在內。由此可見，陽明是把孟子所並列的四端之心，一起皆收攝於良知，而真誠惻怛便是良知的本體。所謂「本體」，意即「自體」，是意指當體自己的實性，亦即最內在的自性本性。良知之最內在的真誠惻怛之本體自性，在種種特殊的機緣上，便自然而自發地表現為各種不同的天理，如在事親上便表現為孝，在從兄上便表現為弟，在事君上便表現為忠。孝、弟、忠，便是所謂「天理」（道德法則）。

天理，並不是外在的抽象之理，而是內在的本心之真誠惻怛；由此真誠惻怛之本心，昭明地自然地朗現出來，便是天理。所以天理之朗現，就在本心良知處發見。「良知」「天理」，名異而實同，因此，陽明總說「良知之天理」。陽明認為「良知是天理之昭明靈覺處，故良知即是天理。」❶牟先生據此而作了一個綜結：良知是天理之自然而明覺處，如此，則天理雖客觀而亦主觀；天理是良知之當然而必然處，如此，則良知雖主觀而亦客觀❷。這就是「心即理」「心外無理」「良知之天理」諸語的真實義旨。

昔賢常說，實理所在，千聖同證。陽明之學雖經由自己的獨悟而實得於心，但

---

❶ 見《傳習錄》中，〈答歐陽崇一〉。按：歐陽德，字崇一，號南野，屬江右王門。見《明儒學案》卷十七。

❷ 見牟宗三先生〈王學的分化與發展〉上篇。牟師此文對王學大綱脈之約述，極精當透闢。本章頗承述之。凡章內稱引牟先生語而未註明出處者，皆見於該文——刊於香港中文大學《新亞書院學術年刊》第十四期。

獨悟之後，一經反省，便覺得與往聖所說無不符契。如像良知之說，便自然合乎孟子。而孟子所說的良知、本心，亦必須如像陽明與陸象山那樣悟解，才能定住他的義理宗旨。二千年來，孟子所確定的內聖之學的弘規，除了象山陽明之外，很少有人能接得上。（所謂接得上，是指慧命之相契相續而言。一般文字知解上的偶合相應，並不算數。）所以象山陽明確然是孟子之嫡系。

二、良知以感應之是非為體

如前文所說，陽明凡言「本體」，皆是意指當體自己之實性而言。每一實性（如仁、義、禮、智）皆滲透於其他實性而徹盡之，舉其一可，舉其二三以至十百，亦無所不可。所以陽明或說真誠惻怛是良知之本體，或說「知是心之本體」，或說「定者心之本體，天理也」，或說「樂是心之本體」❸。因為本心本來就具有種種實性，

❸「知是心之本體」，「定者心之本體，天理也」，皆見《傳習錄》上。「樂是心之本體」，見《傳習錄》下。「知」即是良知。「定」即程明道《定性書》所謂「動亦定，靜亦定」之定。「樂」即《孟子》「反身而誠，樂莫大焉」之樂。或謂：唐代圭峰宗密曾說知是心之本體，今陽明亦說知是心之本體，則陽明之悟良知或許是由圭峰宗密而來。按：此種說

而每一實性皆意指其當體自己。但我們卻不可抽象地去想那個心體自己，因為本心並沒有一個隔離的自體擺在那裡，依此，陽明便說「心無體」。《傳習錄》下云：

目無體，以萬物之色為體。耳無體，以萬物之聲為體。鼻無體，以萬物之臭為體。口無體，以萬物之味為體。心無體，以天地萬物感應之是非為體。

感官（耳目口鼻）在用上見，在應物上見。心在感應之是非上見。故皆曰「無體」。陽明說心無體，當然不是否定本心自體，而是表示本心沒有一個隔離的自體擺在那裡，讓人抽象地懸空去想。（你若抽象地懸空去想一個隔離的心體自己，便是玩弄光

法只是考據家湊字之習，不知義理之學之規範與甘苦。圭峰之「知」自是佛家之旨，是就如來藏自性清淨心而言。陽明之「知」，自始即是道德的，是本於孟子本心良知而來，故其言曰：「知是心之本體。心自然會知：見父自然知孝，見兄自然知弟，見孺子入井自然知惻隱，此便是良知，不假外求。」（《傳習錄》上）此徹裡徹外是孟子之旨，與圭峰宗密有何相干？義理之學必發於內心真切之體悟，講義理之學亦自有義法。除前賢後學以及師弟子間承述接續之外，決無剽竊別家別派一二詞語即可成一義理之說統者。

景。）因為本心只是一個感應之是非，除以「感應之是非」為其本質內容之外，並沒有其他內容。所以良知本體，就在當下感應之是非之決定處見。此外，它沒有一個隔離的寡頭的本體。

而良知之感應是沒有界限的，充量之極，它必然與天地萬物相感應。（此即函著良知本心之絕對普遍性。）陽明嘗謂：「以其明覺之感應而言，則為之物。」❹由「明覺之感應」說物，則這個「物」，既是道德實踐的，同時亦是存有論的。道德實踐中良知感應所及之物，與存有論的存在之物，兩者之間並無距離。所以，良知不但是道德實踐的根據，而且亦是一切存在之存有論的根據；而良知亦遂有其形而上的實體之意義。牟先生認為，由此乃可說「道德的形上學」❺。儒家從孔子講仁（踐仁以知天）開始，通過孟子講本心即性、盡心知性知天，便已函著向道德形上學走的趨勢。再通過《中庸》講天命之性與至誠盡性，以至《易傳》講窮神知化，則此道德的形上學，在先秦儒家便已有了初步之完成。宋明儒繼起，則是充分地完成之：

❹ 見《傳習錄》中，〈答羅整菴少宰書〉。

❺ 道德的形上學，不是西方哲學傳統中的觀解地以及客觀分解地講的形上學，而是實踐的形上學，亦可曰圓教下的實踐形上學。

象山陽明是單由孔子之仁與孟子之本心而直接地完成之；而北宋之濂溪、橫渠、明道，下開南宋胡五峰以及明末劉蕺山，則是兼顧《論》《孟》與《中庸》《易傳》，而有一回旋地完成之❻。

陽明從良知（明覺）之感應說萬物一體，與明道從仁心之感通說萬物一體，完全相同；這是儒家之通義，無人能有異議。這個意義上的「感應」「感通」，不是感性中之接受或被影響，亦不是心理學中之刺激與反應，乃是「即寂即感，神感神應之超越的、創生的、如如實現之」的感應；這必然是康德所說的「智的直覺」之感應❼。所以陽明說：「你只在感應之幾上看，豈但禽獸草木，雖天地也與我同體的，鬼神也與我同體的……可知充天塞地中間，只有這個靈明。」❽《傳習錄》下又載：

---

❻ 關此，請參看牟先生《心體與性體》第一冊綜論部。臺北正中書局出版。至於程伊川與朱子，則另開一系之義理，須別論。

❼ 按：康德並不承認人類能有智的直覺。但良知之明覺、仁心之感通，就含有此種直覺。此是中西哲學最大最本質之差異點。牟先生撰有《智的直覺與中國哲學》一書，臺北商務印書館出版，請參閱。

❽ 見《傳習錄》下。

「先生遊南鎮，一友指岩中花樹，問曰：『天下無心外之物。如此花樹，在深山中自開自落，於我心亦何相關？』先生曰：『你未看此花時，此花與汝心同歸於寂。你來看此花時，則此花顏色一時明白起來，便知此花不在你的心外。』」蓋良知靈明是實現原理，一切存在皆是在靈明中存在。離卻我的靈明（不但是我的，亦是你的、他的，是一個超越而普遍的靈明），一切皆歸於無。你若說天地萬物千古見在，那是你站在知性的立場說，而靈明並不是知性的。牟先生認為陽明所謂「無心外之物」，並不是認識論上的「存在即被知」。雖也是「存在依於心」，但卻不是依於有限心之認識論的、橫列的；而是相當於柏克萊的最後依於神心之層次，乃是存有論的、縱貫的。故陽明又云：

良知是造化的精靈。這些精靈生天生地，成鬼成帝，皆從此出。真是與物無對。人若復得他完完全全，無少虧欠，自不覺手舞足蹈，不知天地間更有何樂可代？（《傳習錄》下）

這段話所表示的義理，正同於孟子所謂「萬物皆備於我矣，反身而誠，樂莫大焉」。

陽明說「良知是造化的精靈」，是存有論地說；而「復得他（良知）完完全全」，則是實踐地說。由「復」而轉為「致」，故陽明即進而言「致良知」。

第二節　致良知與逆覺體證

陽明所謂「致」，直接地是「向前推致」之意，等於孟子所說的「擴充」。所謂「致良知」，即是將良知之天理或良知所覺之是非善惡，不使它為私欲所間隔，亦不使它昏昧滑過，而能充分地呈現出來，以見之於行事，以成就道德行為。這「致」的工夫是不間斷的：在此機緣上如此，在彼機緣上亦如此，今日如此，明日亦如此，時時事事皆如此，這便是孟子所謂「擴而充之」或「達之天下」。若能這樣不間斷地擴而充之，則人的生命行為便全體是良知天理之流行，此即羅近溪所謂「抬頭舉目，渾全只是知體著見；啟口容聲，纖悉盡是知體發揮。」（知體，即良知本體。）亦即孟子所謂「睟然見於面，盎於背，施於四體，不言而喻」❾。到此地步，才可以說

❾ 羅近溪語，見《盱壇直詮》卷上。孟子語見〈盡心上〉篇。按：羅近溪（汝芳），江西南城人，屬王門泰州學派，為陽明四傳弟子。其輩分雖晚，而實與王龍溪並世（少龍溪十

是把良知「復得他完完全全，無少虧欠」。所以，「致」字亦含有「復」字義。但「復」必須在「致」中復。這不只是後返以「復其本有」之消極地靜態地復，而是向前以「擴而充之」之積極地動態地復。

良知人人本有，亦時時不自覺地呈露。但如何能「致」此良知呢？須知致是表示行動，在致之中即含有警覺的意思。所以「致」的工夫即從警覺開始。警覺亦名曰「逆覺」。逆覺之「逆」，即孟子所謂「堯舜性之，湯武反之」的「反」。在逆覺中即含有一種肯認或體證，牟先生稱此為「逆覺體證」。體證是在日常生活中隨其時時之呈露而體證，這種與日常生活不相隔離的體證，名曰「內在的逆覺體證」。而與日常生活相隔離的，則名曰「超越的逆覺體證」。㈠不隔離者是儒家實踐的定然之則——孟子之「求放心」，《中庸》之「誠之」「慎獨」，程明道之「識仁」，胡五峰之「識仁之體」，象山之「復本心」，陽明之「致良知」，劉蕺山之「誠意」，皆是不隔離的內在的逆覺體證；而㈡隔離者則是一時之權機——如李延平之「靜坐以觀未發氣象」，即是隔離的超越的逆覺體證。但延平經過觀未發氣象之後，必言「冰解凍釋」，始能天理流行。（見朱子〈延平行狀〉論延平開端示人處。）故知隔離只是一時的，並非

七歲而後卒五年），故世稱王門二溪。

定然之則。明得此意，便知此兩種逆覺體證雖皆可以承認，但亦不可混同，更不可在此起爭端❿。

人人有此良知，但為私欲所蔽，則雖「有」而不「露」；即或隨時有不自覺的呈露（透露一點端倪），然為私欲氣質以及內外種種感性條件所阻隔，亦不能使它必然有呈露，而那點端倪很可能在阻隔限制中又壓縮回去。要想自覺地使它必然有呈露，就必須通過逆覺體證。若問良知明覺雖通過逆覺體證而被肯認，但那私欲氣質與內外種種感性條件仍然形成阻隔，使它不能順適條暢地通貫下來以成就道德行為，這時又將如何？對於這個問題的回答是：仍然要靠良知本身的力量。除此，沒有任何繞出去的巧妙方法。因為良知明覺若真通過逆覺體證而被承認，則它本身便是「私欲氣質與外物之誘」的大剋星，它自有一種力量不容已地要湧現出來。這良知本身的力量，便是道德實踐之本質的根據。

這種不容已地要湧現出來的力量，只有「心與理為一」的本心才有；若是「心與理為二」的那個空頭的理，便沒有這種力量。朱子析心與理而為二，又想使理亦

❿ 按：江右王門聶雙江倡「歸寂」宗旨，而與王龍溪爭辯，即是於此見不清。請參看下第五章第三節。

通貫下來，因此便不能不繞出去講其他的工夫，這就是涵養、居敬、格物、窮理那一套。這些工夫並非不重要，但依陽明學的立場看來，這些只能是助緣，而不是本質的工夫。內聖成德之學的本質工夫唯在逆覺體證。人若以助緣為主力，便是本末倒置。凡順孟子下來者，如象山，如陽明，皆非不知氣質之病痛，亦非不知教育學問之重要，但凡這種後天的工夫，皆不是本質的。所以就內聖之學的道德實踐而言，必然要從先天心體開工夫而言逆覺體證。但逆覺之覺，卻不是把良知明覺擺在那裡，用一個外來的後起的覺去覺它；而根本是良知自己覺它自己，是良知明覺之自照。所以逆覺體證不是外在的後天的工夫，而是先天的工夫，是道德實踐之本質工夫。

本節所述，即是「致良知」的本義。

第三節　格致誠正與心意知物

自朱子以後，《大學》一書成為討論之中心，所以陽明之致良知亦套在《大學》上說。《大學》講正心誠意致知格物，因此，致良知亦須落在「心、意、知、物」的整套關聯中來講。以下，試看陽明如何就《大學》之致知格物而言致良知。

若鄙人所謂致知在格物者，致吾心之良知於事事物物也。吾心之良知即所謂天理也。致吾心良知之天理於事事物物，則事事物物皆得其理矣。致吾心之良知者，致知也；事事物物皆得其理者，格物也。（《傳習錄》中，〈答顧東橋書〉）

在此，陽明提出致知格物之宗旨。陽明解「格物」為「正物」，物即是事⓫。解知為良知，「致知」即是「致良知」。良知本明，知是知非，凡意之所在的種種事為，以及是非之「宜」，與該如何不該如何之「義」，全在良知之本覺中。良知所覺的「是非」「宜」「義」，即是良知之天理。以良知之天理，正意之所及的種種事為；或者說，推致吾心良知之天理於意之所及的事事物物，使事事物物皆得到良知天理之潤澤而各得其正：這就是格物。據此，則所謂「致知」，乃是不讓良知為私欲所間隔，而把它推致擴充到事事物物上。但所謂把良知推致擴充到事事物物上，並不是把良知之認知活動推致到事物上以認識事事物物之理，而是把良知之天理推致擴充到事

⓫ 陽明〈大學問〉云：「物者，事也。凡意之所發，必有其事，意之所在之事謂之物。格者，正也；正其不正以歸於正之謂也。正其不正，去惡之謂也；歸於正者，為善之謂也。夫是之謂格。」

物上以使事事物物皆「得其理」（得其合於「良知天理」之理）。而所謂「格物」，亦是以良知之天理來正物，以使事物獲得真實之完成；而並不是以吾人心知之認識活動來窮究事物本身之理。心知之知不是良知之知，而是認知之知，是認知心之活動。故牟先生以為致知格物實有二式：

(一)認知心下之「致知究物」，是認識論的「能所為二」之橫列的。這是朱子的路。

(二)良知下之「致知正物」，則是道德實踐的「攝物歸心、心以宰物」之縱貫的。（擴大而言之，則是本體宇宙論的攝物歸心、心以成物之縱貫的。）

陽明之解「格」為「正」，是以義理系統定，而不是以字義應當如何訓詁而定。「格」字原義為感格降神，所以其直接意思是「來」是「至」，「正」則是引申義。而陽明對「心、意、知、物」四者之分析，亦極具義理之關聯性。「心」是本心，亦是天心、道心，總之是至善心體。「意」是心之所發，「物」是意之所在。而「知」則是吾心之良知，亦即心體之明覺，它是照臨於意之上的價值判斷之標準。意之發或順從良知明覺，或不順從良知明覺，故有善有不善，有誠有不誠。要使意歸於善、歸於誠，則必須致良知；要使意之所在的物各得其理、各得其正，亦必須致良知。

關於「格、致、誠、正」的全部歷程，《傳習錄》下有黃以方所錄一段最為完整而詳密：

先儒解格物為格天下之物。天下之物如何格得？且謂一草一木亦皆有理，今如何去格？縱格得草木來，如何反來誠得自家意？我解格作正字義，物作事字義。《大學》之所謂身，即耳目口鼻四肢是也。欲修身，便要目非禮勿視，耳非禮勿聽，口非禮勿言，四肢非禮勿動。要修這個身，身上如何用得工夫？心者身之主宰。目雖視，而所以視者心也。耳雖聽，而所以聽者心也。口與四肢雖言動，而所以言動者心也。故欲修身，在於體當自家心體，常令廓然大公，無有些子不正。主宰一正，則發竅於目，自無非禮之視；發竅於耳，自無非禮之聽；發竅於口與四肢，自無非禮之言動。此便是修身在正其心。

然至善者心之本體也。心之本體那有不善？如今要心正，本體上何處用得功？必就心之發動處，才可著力也。心之發動，不能無不善，故須就此處著力，便是在誠意。如一念發在好善上，便實實落落去好善；一念發在惡惡上，便實實落落去惡惡。意之所發既無不誠，則其本體如何有不正的？故欲正其心，在誠其意。工夫到誠意，始有著落處。

然誠意之本，又在致知也。所謂人所不知而己所獨知者，此正是吾心良知處。然知得善，卻不依這個良知便做去，知得不善，卻不依這個良知便不去做，則這個良知便遮蔽了，是不能致知也。吾心良知既不能擴充到底，則善雖知好，不能著實好了；惡雖知惡，不能著實惡了，如何得意誠？故致知者，誠意之本也。

然亦不是懸空的致知，致知須在實事上格。如意在於為善，便就這件事上去為；意在於去惡，便就這件事上去不為。去惡，固是格不正以歸於正；為善，則不善正了，亦是格不正以歸於正也。如此，則吾心良知無私欲蔽了，得以致其極；而意之所發，好善惡惡，無有不誠矣。誠意工夫實下手處，在格物也。若如此格物，人人便做得。人皆可以為堯舜，正在此也。

此段文分五節，義甚明確。首節提及格物之義。次節言修身正心。所謂修身，並不是真的要修這個「身」，乃是要使身體的活動（視、聽、言、動）皆合乎禮。而主宰身體之活動的，是心。心正，則目之視、耳之聽、口之言、四肢之動，自然無有不正。視聽言動既無不正，便是身已修矣。故《大學》云「欲修其身者，在正其心」。三節言正心誠意。心之本體是至善的，在心體上用不得工夫，工夫唯在心之發動處用。所以說「工夫到誠意，始有著落處」。而所謂正心，並不是要正這至善的心體，而是要正心所發動的意念。此即《大學》所謂「欲正其心者，先誠其意」。四節言誠意之本在致知。工夫到誠意雖有著落，但意念之誠不誠只有吾心之良知知之，此乃「人所不知而己所獨知」者。如果知善而不能「好」，知惡而不能「惡」，便是良知被遮蔽了，便是不能致其知。吾心之良知既不能致（不能擴充到底），則雖知善當好、惡當惡，而終必好善而不能行，惡惡而不能去，如此，豈能謂之「意誠」？故《大學》云「欲誠其意者，先致其知」。五節言致知在格物。吾心之良知雖然動無不善，但卻不是懸空可以致得的，「非即其事而格之，則亦無以致其知。」⓬離了實事，知如何致？譬如離了孝親的實事，如何致得孝親的良知？可見知之致正在物之格（正）處。所以致知是誠意之本，而誠意工夫實下手處，又在格物。四句教末句云：「為善去惡是格物」⓭，所謂為善去惡，即是在致良知中純化意念與純化意念之內容（意念之內容，即意之所在的事或行為）。自純化意念而言，是誠意；自純化意念之內容而言，則是格物。關於誠意、致知、格物之義，陽明另有一段文字，亦

⓬ 見陽明〈大學古本序〉。

⓭ 四句教之義理疏解，見下第七章。

言之極為細密清晰而確定：

鄙人之見，則謂意欲溫清、意欲奉養者，所謂意也，而未可謂之誠意。必實行其溫清之意，務求自慊而無自欺，然後謂之「誠意」。知如何而為溫清之節，知如何而為奉養之宜者，所謂知也，而未可謂之致知。必致其知如何為溫清之節者之知，而實之以溫清；致其知如何為奉養之宜者之知，而實之以奉養，然後謂之「致知」。溫清之事，奉養之事，所謂物也，而未可謂之格物。必其於溫清之事也，一如其良知之所知當如何為溫清之節者，而為之無一毫之不盡；於奉養之事也，一如其良知之所知當如何為奉養之宜者，而為之無一毫之不盡，然後謂之「格物」。溫清之物格，然後知溫清之良知始致；奉養之物格，然後知奉養之良知始致。故曰「物格而後知至」。致其知溫清之良知，而後溫清之意始誠；致其知奉養之良知，而後奉養之意始誠。故曰「知至而後意誠」。（《傳習錄》中，〈答顧東橋書〉）

按《禮記・曲禮》云：「冬溫而夏清。」為人子者，冬天應使父母溫暖，夏天應使父母清涼。而溫清奉養之「意」，必須通過具體之實行而後乃能「誠」。不實行而自欺，則雖有其意而意不誠；而溫清奉養之事，亦便不成其為實事。事物之成，由於誠意；事物之不成，由於不誠意。故《中庸》云：「誠者，物之終始，不誠無物。」有了溫清奉養之意，又必須知如何表現溫清之節與奉養之宜。但知之而不能致，則知為空知而非實知，意亦為虛意而非實意。必須實實地把良知所知的溫清之節與奉養之宜表現出來，方可謂之「致知」。知既致，則知為實知，事為實事。但溫清奉養之事，只是「物」，而不可謂之格物；必須充分實行良知所知的溫清之節與奉養之宜，而無一毫之不盡，方可謂之「格物」。物既格（正）而知自至。所謂知至，是說良知因致之工夫而至於物，故曰「物格而後知至」。知既至，則知為實知，意亦為實意，故曰「知至而後意誠」。

依陽明，誠意、致知、格物三者雖不是同一，但彼此卻因等價關係而統於一。知既致，則意自誠，物自格。故工夫用力處，實在於「致知」而不在「格物」⓮。

⓮ 分別地說，格物、致知、誠意，甚至加上正心，都是工夫，但卻不是四者本身各有一套獨特的工夫，而是步步逼緊集中於一點而又互相關聯著來說，因此，只能是一個工夫。在朱子，是步步逼緊而集中於格物，而格物是即物而窮其理，能窮理則知自致、意自誠、心自正。在陽明，是步步逼緊而集中於致知，而致知是致良知，吾心良知之天理一旦擴

物之格（事物之正）是因知之致而至於物，以使事物皆得良知天理之潤澤而各得其正。知之致是條件，物之格是後果，故陽明曰：「致知焉盡矣。」⓯至於《大學》所云「致知在格物」，只是說明知不能憑空而致，必須在實事上而致之。下句「物格而後知至」，則是倒溯反顯語。意思是說，物既正則表示知已因致之工夫而至於物了。故陽明之格物須帶致知說。致知是致吾心良知之天理於事事物物，以正此事物，成此事物。而格物（正物、成物）實乃本良知以成用，與《中庸》所謂「成己成物」，《易傳》所謂「各正性命」之義相通。據此可知，陽明之格物義是形上學的，不是認識論的。朱子之格物義則含有認識義。若以認識義之格物考量陽明，或不自覺地以含有認識義之格物去講說陽明之格物義，那必然會啟人之惑而形成攪擾。（陽明所謂「心與理一」「心外無理」「心外無物」，亦皆是形上的命題。）故格物即是正物，即是成物。一切事物皆在良知之涵潤成就中，攝物以歸心，而為心所貫徹，此便是形上的直貫⓰。

充出來，則物自格（正）、意自誠、心自正。故工夫用力處在「致知」而不在「格物」。

⓯ 見陽明〈大學古本序〉。

⓰ 羅近溪門人楊復所云：「格有通徹之義。通而謂之格，猶治而謂之亂也。格物者，己與

第四節 「事」「物」兩指與成己成物

陽明既說「心之所發便是意，意之所在便是物」⓱；又說「以其發動之明覺而

物通一無二也。如此則無物矣。有則滯，滯則不通。無則虛，虛則通。物本自無，人見其有，格物者，去其妄有而歸其本無也。歸其本無，此謂知本。」(見《證學篇》，載於《明儒學案》卷三十四。）此即以形上的直貫言格物，正承陽明而來。所謂「歸其本無」，即攝物歸心，而為心所貫徹。為心所貫，即只見有心，不見有物，全體是一知能呈現，故與物通一無二也。牟先生謂，羅近溪之講學，主要即是詮釋此義。又黃道周云：「人有己便不仁。有己便傲，傲便無禮；無禮便與天下間隔。無己便細，細便盡禮；盡禮便與天下通。克己者，只是把己之聰明才智一一竭盡，精神力量一一抖擻，要到極細極微所在。事事物物，俱從理路練得清明，視聽言動，無一是我自家氣質。如此便是格物物格、致知知至耳。所以天下更無間隔，更無人說我無禮；便是天下歸仁。」(見〈榕壇問業〉，載於《明儒學案》卷五十六。）此段話亦暗合王學，亦是以形上的直貫說致知格物天下歸仁也。

⓱ 《傳習錄》上云：「身之主宰便是心，心之所發便是意，意之本體便是知，意之所在便

言，則謂之知。以其明覺之感應而言，則謂之物。」[18]嚴格地講，從「明覺之感應」說物，與從「意之所在」或「意之所用」說物[19]，實有層次上之不同：

㈠從「意之所在」或「意之所用」說物，意與物有種種差別；如意有善與惡之分，物（事）亦有正與不正之異，故必有待於致良知，而後意得其誠，物得其正。

㈡從「明覺之感應」說物，則沒有這些參差；意不待誠而自誠，物不待正而自正[20]。到意念之動全是良知天理之流行，而意之所在的物亦全合良知天理，此時，「意之所在」與「明覺之感應」遂通而為一。而在此良知明覺之感應中，有事亦有物，格物

是物。如意在於事親，即事親便是一物；意在於事君，即事君便是一物；意在於……。」按：此所謂「物」，乃指「事」或「行為」而言。故牟先生稱此為「行為物」。

[18] 見《傳習錄》中，〈答羅整菴少宰書〉。

[19] 《傳習錄》中，〈答顧東橋書〉有云：「意之所用必有其物，物即事也。如意用於事親，即事親為一物。意用於治民，即治民為一物。意用於讀書，即讀書為一物。意用於聽訟，即聽訟為一物。凡意之所用無有無物者。有是意，即有是物；無是意，即無是物矣。物非意之所用乎？」按：此從「意之所用」說物，與從「意之所在」說物，義同。

[20] 按：陽明弟子王龍溪所謂「四無」，所謂「先天之學」，皆是從這裡說。參看下第七章。

之「物」字，既可以是事（行為物），亦可以是物（存在物或個體物）。所以牟先生認為訓「物」為「事」，乃就「意之所在為物」而言，不免稍狹。而陽明所謂「事事物物」，很可以是「事」「物」兩指。因為就明覺之感應而言物，則「物」字必然兼指事物二者而言。例如陽明所常舉喻之事親、從兄、事君、治民，便是「事」；而所事之親、所從之兄、所事之君、所治之民，則是「物」。（按：此處所謂「物」，是就其為一獨立之存在而言之，並無不敬之意。）

「事」在良知之貫徹中而表現為合天理之事，一是皆為吾人德行之純亦不已。而「物」亦在良知之涵潤中而如如地成為物，一是皆得其位育而無失所之差。仁心之感通或良知明覺之感應，必然與天地萬物為一體。感應於孺子，即與孺子為一體，而孺子得其所；感應於禽獸草木，即與禽獸草木為一體，而禽獸草木得其所。其餘可類推。孔子說「老者安之，少者懷之，朋友信之」，孟子說「親親而仁民，仁民而愛物」，亦莫不如此。感應於物，而物皆得其所，則人之一切行事，亦自然純亦不已而事事得其理。就事而言，良知明覺是道德實踐的根據；就物而言，則良知明覺即是天地萬物之存有論的根據。所以主觀地說，是由仁心之感通而為一體；而客觀地說，則此一體之仁心頓時即是天地萬物的生化之理。仁心如此，良知明覺亦如此。

因為良知之真誠惻怛，正就是此真誠惻怛之仁心。《中庸》云：「誠者，物之終始，不誠無物。」這個「物」字，亦可概括「事」與「物」而言，一切事與物皆是誠體之所貫而使之成始而成終。《中庸》所說，很明顯的是本體宇宙論的縱貫語句。《中庸》言「誠」，至程明道而由「仁」說（參看其〈識仁篇〉），至陽明而由「良知明覺」說，其實皆是說的這個本體。陽明落於《大學》言「格物」，而訓物為事，訓格為正，實是就「意之所在為物」而言。若就「明覺之感應為物」而言，則「事」「物」兼賅，而格字之「正」字義，無論在事在物，皆將轉為「成」字義。格者，成也；格物者，「成己成物」之謂也。就「事」一面的成己而言，良知明覺是道德創造之原理，引生德行之「純亦不已」。就「物」一面的成物而言，則良知明覺即是宇宙生化之原理，是道德形上學之存有論的原理，使物物皆如如地各得其所而是其所是，於此，良知明覺即同於天命實體而「於穆不已」。所以，在儒家「內以成己、外以成物」的圓教下，「道德創造」與「宇宙生化」是一，一是皆在良知明覺之感應中而朗現。

康德有「現象」與「物自身」之分。他認為上帝創造萬物，是當作「物之在其自己」而創造之。上帝並不創造現象。現象是對人之感性與知性而言，而上帝之創造，則是其智的直覺之創造。是故在智的直覺面前，物只是物之在其自己，而不能是現象。牟先生認為，在良知明覺面前，物亦是如此。以是，明覺感應中之物與事，皆不可作現象看。物是「物之在其自己」的物，事亦是「事之在其自己」的事。作為「物之在其自己」的物，不是認知的對象，但可是明覺感應之非對象的如相，亦即智的直覺之所照的非經驗對象的如相。作為「事之在其自己」的事，亦不是現象之事。因為明覺感應中的成己之事並不著相，它是在明覺感應中而成就的合乎天理的實德，而不是認知的對象，故不可作現象之事看。（若對於感性與知性而為認知之對象，則它即轉為現象矣。）因此，在明覺感應中之一切活動與行事，皆是知體之流行與著見，（上第二節所引羅近溪之言，實最圓妙。）皆不可作現象看，而只是如如地在知體中呈現的「在其自己」之如相——如相無相，是為實相。人，從感性與知性方面看，自是有限之存在，凡現象世界中的一切成就，包括堯舜事業、賢哲才慧，皆是有限的；故儒者並不妄自尊大。但若從良知明覺之感應來看，則雖有限而亦無限，此乃當下具足、當體圓滿者。孟子所謂「萬物皆備於我」，「上下與天地同流」，即指示此義。以是，儒者亦不妄自菲薄。可惜康德一間未達，而不承認人類可有此智的直覺。

依牟先生之衡定，中國儒釋道三家，皆可以證成康德的現象與物自身之分。在佛家，對識心而言即為現象，對智心而言即為物之在其自己。在道家，對成心㉑而言即為現象，對玄智而言即為物之在其自己。在儒家，對聞見之知而言即為現象，對德性之知而言即為物之在其自己。但三家在以前都沒有像康德那樣就現象而擺出一個知識論，因為中國先哲講學之重點本不在此。但時至今日，則可以而且應該依康德之規模開出之，而使之套於智的直覺中，如是，則康德之不足處，亦可得其調適而上遂之發展㉒。

㉑《莊子．齊物論》：「夫隨其成心而師之，誰獨且無師乎？」凡惑情滯著，專執一家之偏見者，謂之成心。

㉒關於此一問題之義理展示，請參看牟先生《認識心之批判》，《心體與性體》第一冊綜論部，以及《智的直覺與中國哲學》與《現象與物自身》。

第三章　知行合一

第一節　知行合一說的宗旨

據《陽明年譜》的記載，陽明在龍場悟道之次年，應貴州提督學政席元山之聘，主講貴陽書院，開始提出「知行合一」之說。但學者未曾經歷存養省察的工夫，對於陽明指點知行本體的「知行合一」之訓，把握不住，所以「紛紛異同，罔知所入」❶。三數年後，門人徐愛❷猶未解知行合一宗旨，與同門往復論辯而不能決，

❶ 此為《陽明年譜》三十九歲下所載語，已引見上第一章第三節，請參看。

❷ 徐愛，字曰仁，號橫山，陽明之妹婿。在弟子中及門最早，亦最賢，惜早卒，年三十一。

於是請問於陽明。《傳習錄》上載：

愛曰：「如今人儘有知得父當孝、兄當弟者，卻不能孝、不能弟，便是知與行分明是兩件。」

先生曰：「此已被私欲隔斷，不是知行的本體了。未有知而不行者；知而不行，只是未知。聖賢教人知行，正是要復那本體，不是著你只恁地便罷。故《大學》指個真知行與人看，說『如好好色，如惡惡臭』。見好色屬知，好好色屬行。只見那好色時，已自好了；不是見了後，又立個心去好。聞惡臭屬知，惡惡臭屬行。只聞那惡臭時，已自惡了；不是聞了後，別立個心去惡。……知行如何分得開？此便是知行的本體，不曾有私意隔斷的。聖人教人，必要是如此，方可謂之知，不然，只是不曾知。此卻是何等緊切著實的工夫？如今苦苦定要說知行做兩個，是什麼意？某要說做一個，是什麼意？若不知立言宗旨，只管說一個兩個，亦有甚用？」

「知行本體」即是良知本體，亦即是心體。知行本體的自性原本是合一的，它所以

見《明儒學案》卷十一。

不合一，是因為被私欲私意所隔斷，所以必須有「致」的工夫以復其合一之體。有些人雖知父母當孝而卻不能孝，他之所以知歸知、行歸行，並不是知行真的為二而不合一，而是他的知行之體（本心）被私意隔斷了。有了私意阻隔，他那孝親的良知便不能「致」，不能致即是不能行，既不能行孝，便算不得真知孝。若是沒有私意隔斷，則其孝親之良知自然能「致」於父母而表現為孝行，如此，便是「知行合一」，便是復得那知行本體了。《大學》舉「如好好色，如惡惡臭」，以指個真知行與人看，這個「真知行」即是知行的本體。陽明引述《大學》此言以指證知行合一，最為親切❸。

---

❸ 按：《傳習錄》下有黃直所記一則云：「先生嘗謂：人但得好善如好好色，惡惡如惡惡臭，便是聖人。直初時聞之，覺甚易。後體驗得來，此個功夫著實是難，如一念雖知好善惡惡，然不知不覺又夾雜去了。才有夾雜，便不是好善如好好色、惡惡如惡惡臭的心。善能實實的好，是無念不善矣；惡能實實的惡，是無念及惡矣；如何不是聖人？故聖人之學，只是一誠而已。」人果真好善如好好色、惡惡如惡惡臭，自然念念皆善而無惡，亦遂事事皆善而無惡，如此，便是知行貫通而為一。誠者，實也，一也，直也。真實無妄，純一不二，直而無曲，此便是復得那知行本體，便是知行合一。

陽明又說：

知是行之始，行是知之成。聖學只是一個功夫，知行不可分作兩件事。（《傳習錄》上）

吾心之良知，是知善知惡、好善惡惡的。知善知惡是「知」，而好善惡惡則是「行」。當我心知善惡時，便已好此善、惡此惡了，所以說「知是行之始」。（這意念萌動處的內部之行，可以稱之為：意念心行。）反之，當我實好此善、實惡此惡之時，則不僅表示我知善知惡之知為真知；而且表示我這知善知惡的知，業已具體落實而成為真實的行為了，所以說「行是知之成」。——這時的行，已由內而形諸外，而表現為視聽言動的外部行為了。內外通而為一，亦就是知行合而為一。總之，知得真切，知得篤實，便是行；行得明覺，行得精察，便是知。知的過程與行的過程是相終始的。因此，知行功夫只是一事。知此善時便已好此善了，反之，既好此善當然表示已知此善；只要不為私意私欲隔斷，知行本就是一而非二。所以陽明又說：「知是行的主意，行是知的工夫。」「只說一個知，已自有行在，只說一個行，已自有知

在。若識此宗旨，說知行做兩個，亦不妨，亦只是一個；否則，便說做一個，亦有甚用，只是閒說話。」❹

問知行合一。先生曰：「此須識我立言宗旨。今人學問只因知行分作兩件，故有一念發動，雖是不善，然卻未曾行，便不去禁止。我今說個知行合一，正要人曉得一念發動處，便即是行了。發動處有不善，就將這不善的念克倒了，須要徹根徹底，不使那一念不善潛伏在胸中。此便是我立言宗旨。」(《傳習錄》下)

常人將知行分作兩件，故以為意念是意念，行為是行為，心中雖有不善之念，只要尚未做成不善之行，便自我原諒，不知警惕。殊不知「正行」必須從正心誠意做起，心體雖無不善，但心所發出的意念卻有善有惡；作善作惡之幾，正在此一念發動處。一念之微，即是聖凡正邪分界的關口，不可不慎。陽明曾說「知善知惡是良知」。意念發動處的善惡，良知自然知之，這是「知」；善念惡念既已萌動，便是行為之始端，也就是「行」了。所以知與行是同時並起的（因為知行本體是一而非二），是

❹ 見《傳習錄》上。

「即知即行」的。識得此意，自能隨時隨事「去人欲，存天理」。意念一萌，便立即徹根徹底將它克倒，不使任何一念不善潛伏在心中。——這就是陽明言「知行合一」之教的宗旨所在。

第二節　學行合一與知行合一

夫問思辨行，皆所以為學；未有學而不行者也。如言學孝，則必服勞奉養，躬行孝道，然後謂之學。豈徒口耳講說，而遂可謂之學孝乎？學射則必須張弓挾矢，引滿中的。學書則必伸紙執筆，操觚染翰。盡天下之學，無有不行而可言學者；則學之始固已即是行矣。篤者，敦實篤厚之意；已行矣，而敦篤其行，不息其功之謂爾。

蓋學之不能以無疑，即有問；問即學也，即行也。又不能無疑，即有思；思即學也，即行也。又不能無疑，則有辨；辨即學也，即行也。辨既明矣，思既慎矣，問既審矣，學既能矣，又從而不息其功焉，斯謂之篤行。非謂學問思辨之後，而始措之於行也。是故以求能其事而言，謂之學；以求解其惑而言，謂之問；以求通其說而言，謂之思；以求精其察而言，謂之辨；以求履其事而言，謂之行。蓋析其功而言則有五，全其事而言則一而已。此區區心理合一之體，知行並進之功，所以異於後世之說者，正在於是。今吾子特舉學問思辨以窮天下之理，而不及篤行；是專以學問思辨為知，而謂窮理為無行也已。天下豈有不行而學者耶？豈有不行而遂謂之窮理者耶？明道云：「只窮理，便盡性至命。」故必仁極仁，而後謂之能窮仁之理；義極義，而後謂之能窮義之理。仁極仁，則盡仁之性矣；義極義，則盡義之性矣。學至於窮理，至矣！而尚未措之於行，天下寧有是耶？是故，知不行之不可以為學，則知不行之不可以為窮理矣。知不行之不可以為窮理，則知知行之合一並進，而不可以分為兩節事矣。

夫萬事萬物之理，不外於吾心；而必曰窮天下之理，是殆以吾心之良知為未足，而必外求於天下之廣，以裨補增益之，是猶析心與理而為二也。夫學問思辨篤行之功，雖其困勉至於人一己百，而擴充之極，至於盡性知天，亦不過致吾心之良知而已。良知之外，豈復有加於毫末乎？今必曰窮天下之理，而不知反求諸心，則凡所謂善惡之幾、真妄之辨者，舍吾心之良知，亦將何所致其體察乎？吾子所謂「氣拘物蔽」者，拘此蔽此而已。今欲去此之蔽，不知致力於此，而欲以外求，是猶目之不明者，不務服藥調理以治其目，而徒倀倀然求明於其外，明豈可自外而得哉？（吾子所謂）「任情恣意」之害，亦以不能精察天理於此心之良知而已。（《傳習錄》中，〈答顧東橋書〉）

此段分為三節。首節是舉實際之事例如學孝、學射、學書，以說明「學」與「行」之合一。其意易明，不煩多釋。

次節是就「博學、審問、愼思、明辨、篤行」而說。陽明認為學、問、思、辨、行五者，「析其功而言則有五，全其事而言則一而已」。凡人有疑而問、而思、而辨，此即是「學」，即是「行」。既不可以「學、問、思、辨」四者屬於「知」，而將「知」與「行」分而為二；亦不可以「學、問、思、辨」為「窮理」，而將「窮理」與「行」分開。天下沒有不行之學，亦沒有不行之窮理。故不行不可謂之學，不行亦不可謂之窮理。

「窮理」不專是「知」之事。這個意思，程明道早已說過。他說：「窮理盡性以至於命，三事一時並了，元無次序。不可將窮理作知之事。若實窮得理，即性命亦可了。」[5]了，是了當之了，不是明了之了、了解之了。一時並了，自然沒有先後次序之可分。在窮理、盡性、至命三事之中，「窮理」是個重要的關鍵。所謂「不可將窮理作知之事」，意即不可將窮理作外在之知解看。若將窮理視為外在之知解，便與盡性、至命有了次序，而三事便不能「一時並了」。窮理，乃是究明「性命之理」，究明至極而朗現之，才可以說「若實窮得理，即性命亦可了」。明道所謂窮理盡性至命，三事一時並了，實已函有「知行合一」之義。故陽明特引以為言。

依陽明，「窮理」即是「盡性」❻。仁之理即仁之性（性即理也），所謂「仁極仁」，即是將仁推擴到極處，亦就是「致」其仁的意思。推致吾心之仁，而後吾心之「仁之理」始能「窮」。仁如此，義亦然。吾心之仁理窮，而後吾心之仁性盡。而吾心之仁即是吾心之真誠惻怛，亦即吾心良知之天理。「窮」吾心良知之天理，即是「致」吾心良知之天理。如此，「窮理」與「致知」便關聯在一起了。良知致於物則物格（正），而致知又為誠意之本，致知則意誠，意誠則心正；如此，「窮理」與「格物」「誠意」「正心」亦相關聯了。所以陽明所說的窮理，並不是窮究外在事物之理，而是「格、致、誠、正」四者兼備所成的窮理。物之格、知之致、意之誠、心之正，

---

❺ 見《二程遺書》卷二上。

❻ 請參看下第六章第三節。

皆有待於「行」以貫徹之；行以貫徹之，然後良知之天理窮盡而無遺，此便是致良知中之知行合一。所以說「學至於窮理，至矣」。

第三節是進一步說明萬事萬物之理，不外乎吾心；而「學問思辨行」，亦不過致吾心之良知而已。這是將「學行合一」歸於致良知，而從根本上說「知行合一」。

但細究起來，學行之合一，與致良知中之知行合一，意義似不相同。因為說「問、思、辨」即是「學」即是「行」，等於是說：問，就要實際去問；思，就要實際去思；辨，就要實際去辨。這個意思，朱子以及與陽明論難之顧東橋皆不會有異議。依陽明的講法，雖可說明「學、問、思、辨」與「行」合一，但卻無礙於朱子與顧東橋仍然將學問思辨的窮理，與道德實踐的篤行分開來說。因為㈠學問思辨之窮理中的「行」，很可以只是實際去做，認真去做，這是做一件事（去學、去問、去思、去辨）。㈡道德實踐中的「篤行」，則可以只注意道德動機之純不純，以及道德行為之是不是與善不善。這二種「行」的意思並不相同，是屬於兩層的事。

陽明所講的致良知中的知行合一，實是將窮理解為「在行中窮盡良知之天理」，而並不是窮究外在事物之理。良知之知，是指導而且決定吾人行為之是非善惡的當然之理；因此當良知「知而決定」之時，「行」即隨而含在其中，所以知行不可分開說。在這個意義上講知行合一，是就「道德實踐之行」而再向裡透，以說明此道德實踐之「行」如何可能之先天根據。這是正視道德實踐之本源問題，而這個本源（先天根據）即是良知之天理。這樣講的窮理（即在行中窮盡良知之天理），與求知之學問思辨中的窮理，可以兩不相涉。以是，致良知中之知行合一，實不同於「學行合一」，亦不是普通所謂知識與行為的問題。我們既不能站在學問思辨之窮理的立場，而說良知有所不足；亦不可因為講致良知之知行合一，而抹煞屬於求知的學問思辨之窮理。

學問思辨之窮理，是窮究外在事物之理，這是實然的知識之學。而良知所知者，則是道德上的是非善惡，是「應事接物」之理，這是屬於應然之判斷的事。

陽明曾說：

聖人無所不知，只是知個天理；無所不能，只是能個天理。聖人本體明白，故事事知個天理所在，便去盡個天理；不是本體明後，卻於天下事物，都便知得、便做得來也。天下事物，如名物度數，草木禽獸之類，不勝其煩；聖人須是本體明了，亦何緣盡知得？但不必知的，自不消去知；其所當知的，聖人自能問人。如「子入太廟，每事問」之類。先儒解為雖知亦問，敬謹之至。此說不可通。聖人於禮樂名物不必盡知，然他知得一個天理，便自有許多節文度數出來。不知而能問，亦即是天理節文所在。(《傳習錄》下)

就良知天理而言，聖人無所不知，無所不能。就事物知識而言，聖人亦有所不知，有所不能。他所不知不能的，若依理而當知之、當能之，則聖人自會本乎他的良知天理之判斷決定，而向人請教，向人學習；若是理所當為、義所當行之事，聖人亦自會去做❼。實則，不但聖人如此，常人亦然。人間一切事業，其實都是本乎良知

❼ 按：《傳習錄》上載徐愛問：「如事父一事，其間溫凊定省之類，有許多節目，亦須講求否？」先生曰：「如何不講求？只是有個頭腦，只是就此心去人欲存天理上講求……此心若無人欲，純是天理，是個誠於孝親的心，冬時自然思量父母的寒，便自要去求個溫的道理；夏時自然思量父母的熱，便自要去求個清的道理，這都是那誠孝之心發出來的條件……《禮記》言：孝子之有深愛者，必有和氣；有和氣者，必有愉色；有愉色者，必有婉容。——須是有個深愛做根，便自然如此。」據此可知，良知之學並不輕忽節目時變，只是必須以良知天理做頭腦，便自然會依其本末先後之序而去盡那節目時變。

天理之決定而步步做成；人經由學問思辨以窮理求知，亦仍然是本乎良知之要求而發憤致力。就此而言，良知亦正圓滿自足，無有欠缺。所以說「知得一個天理，便自有許多節文度數出來」。

第三節　致良知中的知行合一

知之真切篤實處即是行，行之明覺精察處即是知。知行工夫本不可離。只為後世學者分作兩截用功，失卻知行本體，故有合一並進之說。……此雖吃緊救弊而發，然知行之體本來如是，非以己意揚抑其間，姑為之說，以苟一時之效者也。

「專求本心，遂遺物理」，此蓋失其本心者也。夫物理不外於吾心，外吾心而求物理，無物理矣。遺物理而求吾心，吾心又何物耶？心之體，性也，性即理也。故有孝親之心即有孝之理，無孝親之心即無孝之理矣；有忠君之心即有忠之理，無忠君之心即無忠之理矣；理豈外吾心耶？晦菴謂人之所以為學者，心與理而已。心雖主乎一身，而實管乎天下之理；理雖散在萬事，而實不外乎一人之心。是其一分一合之間，而未免已啟學者心理為二之弊。此後世所以有「專求本心，遂遺物理」之患，正因不知心即理耳。夫外心以求物理，是以有闇而不達之處；此告子「義外」之說，孟子所以謂之不知義也。

心一而已。以其全體惻怛而言，謂之仁；以其得宜而言，謂之義；以其條理而言，謂之理。不可外心以求仁，不可外心以求義，獨可外心以求理乎？外心以求理，此知行之所以二也。求理於吾心，此聖門知行合一之教，吾子又何疑乎？（《傳習錄》中，〈答顧東橋書〉）

吾心之良知，是「知」；致吾心良知之天理於事事物物，是「行」。知得是非善惡「真切篤實」，便自然是其是而非其非、好其善而惡其惡，所以說「知之真切篤實處即是行」。視、聽、言、動而達於「明覺精察」，便自然知是知非、知善知惡，所以說「行之明覺精察處即是知」。知行只是一事。陽明講「知行合一」，雖為救弊而發，卻不是只在效驗上說；而是知行之體本來如此，知行工夫本不可離。一切道德價值，皆在知行合一中而成就。知善知惡之「知」，與好善惡惡、為善去惡之「行」，是同時並起，一以貫之的。故牟先生曰：「知行合一者，心之靈覺天理與身之行為歷程圓融無間、以成此全體透明而無隱曲之天理流行也。此直而無曲、圓而無缺、盈而

無虛之教也。」❽

真要說明知行之體何以是合一的？則必須從「理不外心，吾心即理」之義上說，亦即必須歸到致良知於事事物物上說。

仁義即是吾心之理，仁義既內在，則理亦必內在；不可外心以求仁義，當然亦不可外心以求理。所以說「有忠孝之心即有忠孝之理，無忠孝之心即無忠孝之理」。忠孝之理即含在忠孝之心中。有是心即有是理，無是心即無是理。「心」與「理」因等價關係而統於一，陽明即就此而說「心即理」❾。凡說「心即理」，首先須知「心

---

❽ 語見《王陽明致良知教》第二章。按：知行合一之教，本是直而無曲之教。然落實於人行，則亦不免有「曲」：一是因私意私欲之隔斷而出現曲。有此一曲，知行便不能合一，故須有「致」之工夫以復其合一之體。否則，生命便物化矣。另一種曲是由於求知識，在求知識之過程中，認知的心與事物之理形成主客觀之對立，此便是曲。凡知識皆是在此一曲中而成就，故此種曲是必要的。

若有良知之照臨，則此曲所形成之物化是暫時的，不是真物化，反而是生命之凝聚。但若歧出而不返，不能會歸於大道之直，則此一曲雖足以成就知識，亦只是物化。故曲必以直為根。而哲學之能事，無非「以曲導曲以成直」而已。

❾ 「心即理」之說，始發於陸象山。說本心即是天理，等於說良知即是天理，故象山陽明

為天心，理為天理，理由心發，即在心中」。陽明所說的「心」，正是天心、道心，亦即孟子的本心。陽明所說的「理」，正是天理、道理，亦即道德的實體之理。雖用「物理」二字，實即「事理」之意。而事理也不是指事物本身之理，而是吾心應事接物之理，應事接物之理，即是道理，亦即吾心良知之天理。可見陽明所說的心，決不是認知的心，他所說的理，亦不是知識的物理。如果心是認知的心，理是知識的物理，則心與理不但為二，而且亦有內外之分，如此，便不能說「心即理」。良知之天理由內出，由心發；而知識的物理卻是客觀外在的，不由內出，不由心發❿。所以自認知的心與知識的物理而言，心與理不一，知與行亦不一。若自天心天理而言，則心理為一，知行亦合一。若是天心天理處之知行仍不合一，則關鍵只在良知不能「致」。有一念明覺而不能致，則知自知，行自行，知行自然隔成兩截而不合一。所以知行之「合一」，必須與良知之「致」關連在一起說。

> 或疑知行不合一，以知之匪艱二句為問。先生曰：良知自知原是容易的，只是

皆是孟子學。心即理之義蘊，參看下第八章第一節。

❿ 知識的物理，是否亦可以統攝到致良知教中來講？關此，將在下章加以討論。

不能致那良知，便是「知之匪艱，行之惟艱」。（《傳習錄》下）

良知本明，自然知是知非、知善知惡，所以說「良知自知原是容易的」，此便是「知之匪艱」。但人為私欲所蒙蔽，為氣質所拘限，常常不能「致」那良知；良知不能致於物，則事物不得其正，不得其成，此便是「行之惟艱」。要使良知能夠致於物，仍然要靠良知本身之力量⓫。「知之匪艱，行之惟艱」二句，本是殷賢相傳說對高宗之言⓬。其本意也不在比較知行之難易，而在提醒人歸於行（實踐），而行的本源（先天根據）則是良知之天理。若能致此良知之天理，則知行自然合一，既是一而非二，便不再有難易之可分。——至於中山先生「知難行易」之說，乃是就知識與行為而言，其旨亦在勉人力行。因為知識之理，繁博深廣，知之甚難；而依其原理公式與既定之程序去做，則行之又甚易。知之難，由先知先覺負責解決，至於後知後覺與不知不覺之人，只須服膺先知先覺之指導，力行實踐即得。中山先生這個意思，與

⓫ 此義，上第二章第二節有較詳之說明，請參看。

⓬ 見《尚書・說命》篇。原句作「非知之艱，行之惟艱」。

孔子「民可使由之，不可使知之」的義旨，卻正有相通之處⓭。

⓭ 孔子之言，見《論語‧泰伯》篇。行之甚易，故「可使由之」。知之甚難，故「不可使知之」。「不可」，非禁止之辭。實由國家之施政與事物之理，往往繁賾曲折，無法使民眾盡知其所以然之故耳。

第四章 良知與知識

儒家的「內聖之學」，實際上即是「成德之教」。成德的最高目標，是聖，是仁者，是大人；而它的真實意義，則在：於個人有限的生命中取得一個無限而圓滿的價值。所以在儒家，道德並不是停在有限的範圍內。（故與西方之認道德和宗教為對立之兩階段者，並不相同。）道德行為固然有限，而道德行為所依據的實體以成其為道德行為者，則無有限極、無有窮止。人隨時隨處體現這個實體，以成其為道德行為之「純亦不已」，此便是所謂盡心盡性以成德，這個成德的過程是無窮無盡的。要說不圓滿，永遠不圓滿；所以自孔孟開始，儒者從來不敢以聖人自居。但要說圓滿，當體即圓滿，聖亦隨時可至。所以孔子說：「我欲仁，斯仁至矣。」同理，要說解脫，這就是解脫；要說得救，這就是得救。但儒家成德之教卻不在於計較聖不聖、解脫不解脫、或得救不得救；要者是在自覺地作道德實踐，本於本心性體以徹底清澈自己的生命。——這將是一個無窮無盡的工作，而一切道德宗教的奧義盡在其中，一切有關內聖之學的義理亦由這裡展開。這「成德之教」是先秦儒家本有的弘規。自孔子之「踐仁以知天」，曾子之「守約、慎獨」，到孟子之「盡心盡性知天」、「存心養性事天」、以及「修身以俟命」，即是這個成德之教的弘規之全部展開❶。而《易・乾・文言》云：「夫大人者，與天地合其德，與日月合其明，與四時合其序，與鬼神合其吉凶。先天而天弗違，後天而奉天時。天且弗違，而況於人乎？況於鬼神乎？」這幾句話，實可說是成德之教的極致。宋明儒者所弘揚的，便是這個成德之教的弘規。而陽明的致良知教，亦可說是這成德之教的一個圓滿的結穴。

「良知」，不是聞見之知，而是德性之知。聞見之知是否可以統攝於致良知教？這就是本章所要討論的問題。

---

❶《象山語錄》曰：「夫子以仁發明斯道，其言渾無罅縫。孟子十字打開，更無隱遁。」所謂「十字打開」，即是以「心、性、天」將此成德之教的弘規全部展開。

第一節　德性之知與聞見之知

「德性之知」與「聞見之知」的分別，由張橫渠首先提出。他說：「見聞之知乃物交而知，非德性所知。德性所知，不萌於見聞。」又說：「誠明所知，乃天德良知，非聞見小知而已。」❷所謂德性之知，即是發於性體之知，亦即「知愛知敬、知是知非，當惻隱自然惻隱，當羞惡自然羞惡，當辭讓自然辭讓」之知。這種知由本心性體自己起用，當然不假於見聞，不萌於見聞。《中庸》云：「誠則明矣，明則誠矣。」誠體起明，明，即是誠體之朗潤與遍照❸。《中庸》這兩句話，實可窮盡本心性體以及性與天道的全蘊。誠明起「知」，這個知，是德性之知，亦即天德良知。

---

❷ 橫渠之言，見於《正蒙》。前數句見〈大心篇〉，後數句見〈誠明篇〉。

❸《中庸》二十一章云：「自誠明謂之性，自明誠謂之教。誠則明矣，明則誠矣。」按：誠是體，明是用。自誠明，是即本體即工夫；自明誠，是即工夫即本體。誠則明，是即體顯用；明則誠，是即用見體。明是誠體自明，誠體起明，是自起的，故曰：明，即是誠體（性體）自己之朗潤與遍照。

天德良知是大，聞見之知是小。但天德良知卻不是一個隔離的抽象體，而是由「通天人、合內外、一小大」，而見其為具體而真實的誠明之知用。當天德良知具體流行於實事，則它雖不囿於見聞，但亦不離乎見聞。如是，則聞見之知亦只是天德良知之發用。故陽明云：

良知不由見聞而有，而見聞莫非良知之用。故良知不滯於見聞，而亦不離於見聞。孔子云：「吾有知乎哉？無知也。」良知之外，別無知矣。故良知是學問大頭腦，是聖人教人第一義。若云專求之見聞之末，則是失卻頭腦，而已落於第二義矣。近時同志中，蓋已莫不知有致良知之說，然其功夫尚鶻突者，正是欠此一問。大抵學問功夫，只要主意頭腦是當。若主意頭腦專以致良知為事，則凡多聞多見，莫非致良知之功。蓋日用之間，見聞酬酢，雖千頭萬緒，莫非良知之發用流行，除卻見聞酬酢，亦無良知可致矣。故云只是一事。（《傳習錄》中，〈答歐陽崇一〉）

陽明說良知之外，別無知矣，這當然不是顢頇地排斥見聞之知，而只是表示「致良知」方是學問大頭腦。人若「專以致良知為事，則凡多聞多見，莫非致良知之功」。

因為致良知的本義，就是要將吾心良知之天理擴充出來，以貫到事事物物上，以使事事物物得其真實之成就。為成就事物所必需的見聞知能，吾心之良知自會發出命令，使吾人去見、去聞、去求知、去習能，這全是良知要求我們如此去做❹。所以說「日用之間，見聞酬酢，雖千頭萬緒，莫非良知之發用流行」。而且致良知並不是憑空可以致得的，必須落在實事上，才能致知以格物（正物），離了實事則知亦不能致，所以陽明又說「除卻見聞酬酢，亦無良知可致矣」。此則所謂「良知不滯於見聞，而亦不離於見聞」。

德性之知（良知）與聞見之知（知識之知）二者之間的關係，唐君毅先生曾列為四種加以解析❺，茲約述其意介紹於後：

第一種是德性之知直接通過聞見之知而表現：譬如見當前之人而知其為父母，又見父母之面容憔悴而知其有病；於是我即趨前問病，而心懷憂慮。知其為父母與知其有病，是知一個實然之事，這是見聞知識之知。我之趨前問病而心懷憂慮，則是德性之知（孝親的良知）之自然流露。我的孝親之良知（亦即孝心），是直接通過

❹ 請參看上第三章第二節末段及其第七條註文。
❺ 見唐君毅先生《中國哲學原論》上冊第十章之結論。香港人生出版社印行。

我知其為親與知其有病的見聞知識之知而表現。就「良知直接運用知識並即當下通過知識以流行」而言，可說是德性之知與見聞知識之知同時俱現的同一關係。

第二種是德性之知與知識之知表面相斥而更迭呈現之關係：人依於他的德性之知，便可以肯定「具有真理價值之知識本身」即是一種「善」，而人亦應當具有這種善，於是決定引發一求知之活動以成就這種知識。所以，成就知識原本就是吾人之良知所決定。但當我依照良知之決定而投身於純粹求知（如研究數學之知識或真理）的活動之後，我心中便只有一個求知識的目的或興趣，而全然忘懷了這個求知活動原本是良知所引發所決定。這時，良知便隱退到後面而暫時不呈現；只有當我懈怠於求知或求知活動間斷之時，那天德良知才再度呈現出來，而發出「不可懈怠間斷」、「應當求知以獲得真理」之命令，以促使我繼續求知。然而當我再度依良知之決定而繼續求知之活動時，良知亦再度隱退而暫不呈現。由此可知，求知活動進行，則良知隱退；求知活動間斷，則良知呈現。如此三度四度……互為隱現，便顯出二者之間表面上相斥而更迭呈現之情形。人往往只注意這表面之相斥，便說二者之間沒有通路，於是，㈠或一往尊尚知識之知而忽視德性之知；㈡或只直接本於其德性之知以運用現成之知識，而忽略求知活動本身之重要。如此一來，便導致一種人為的二種知（良知與知識）之分裂。其實，求知活動本由良知所引發，進入求知活動之後，亦仍然有良知靜居於超自覺之境，以支持此求知之活動。可見二者之內在關聯，實未嘗中斷。它暫時之隱退，是為了使求知活動得以獨立進行以獲得客觀之真理，這正是良知本身盛德至善的表現。所以，就「一切求知活動皆有良知靜居於超自覺之境而加以支持」而言，則一切求知活動之進行，以及一切知識上點點滴滴之成就，皆是良知在後面支持所造成的功績，皆是良知的間接表現。以上所說，是良知與知識活動更迭呈現所顯示的表面相斥之關係。

第三種是德性之知與知識之知所形成的目的與手段之相從的關係：人本於良知以發動一當有之行為（如為父母治病），但要使此一行為在具體特殊之情境中貫徹實現，卻又發覺只循我之良知以及現有知識之運用，並不足以達成目的；於是我便自覺地暫時節抑良知原先所發動之行為，而安靜下來，以求面對此一具體特殊之情境講求一套應付之道，以獲得進一步之知識，並即依據這種知識，以規定我此後所當採取之行為，以達成原先之目的。在這種情形之下，我是為了達成良知所決定之目的，而自覺地另建立一求知之活動，以作為「達成良知所決定之目的」的手段。這作為手段的知識活動，是依從於良知所決定的目的而來。良知既肯定當有此一目的，便亦函蘊當有此一手段。就此而言，德性之知與知識之知二者之間，既是目的與手段之相從的關係，而同時亦是理論上的函蘊關係。

第四種是德性之知與知識之知交互並存之關係：當人已知「我所處之具體特殊之情境」，明顯地與「我之良知命令或良知所認可之全幅要求」相衝突時，便欲在此「已知」的知識之外另求一改變現狀之可能，亦即希望有一種「改變當前情境」之知識。此種知識是良知所欲求得而使之建立於事實者。等到此一知識終不能建立，而良知之全幅要求不能完全實現之時，則良知又回頭自願承受原所已知的「當前情境與良知之要求相衝突」之知識，以及「當前情境無可改變」之事實，並且準備承擔此一事實所關聯的命運、缺憾與罪戾。茲以忠孝不能兩全之情形為例：忠與孝皆是良知之要求，當人已知忠孝不能兩全時，起初人必仍然相信有一較善或最善之道可以求得，以期忠孝之庶可兩全。等到發現良知所要求的「盡忠」「盡孝」只能實現其一時，於是二種要求即自相衝突以爭求實現。此時，我之良知即須再加衡量，以判別此時此地實現「忠」與實現「孝」之價值，二者孰大孰小、孰輕孰重，以作一最後之決定。而這最後之決定，無論如何皆無法使良知自己之要求（二個或二個以上）獲得全幅滿足。因此，這最後之決定必然是一悲劇之決定。至此，我之良知又須決定自身承擔這最後之情境所導致的悲劇之命運，以及承擔由此而引生的一切缺憾罪戾而無悔。這就是良知所作的最莊嚴神聖的表現。在此情形之中，人當初本於良知之願望而欲建立一改變當前情境之知識，以及其後自願承受一與初願相違之知識活動（知當前情境之無可改變，因而判斷良知之諸要求孰輕孰重以作一決定，以及知決定後所導致之悲劇命運，此即與初願相違的一套知識活動），乃宛若良知活動流行中一陽一陰之二種節奏。良知之願望，表示陽；知「良知願望不能充分實現而須承受一悲劇命運」之知識，表示陰。此二者，良知皆可依其心願而自覺地予以肯定或承受。就此而言，良知與知識之關係，即可稱為一交互並存之關係。

在今日，科學早已形成一獨立的知識領域。但所謂獨立，亦只是相對的獨立，並非真能澈底割斷與德性之知的關聯，而絕對地獨立於傳統的德性之知之外。正因如此，我們仍須發展儒家之學以攝入科學知識，亦須使科學知識再綜合於傳統精神之中，以融合成一更新的中國文化與中國哲學之發展。

關聯著朱子與陽明之致知格物說，以及德性之知與聞見之知的融攝問題，熊十力先生曾提出他的主張：致知之解釋宗陽明，格物之解釋主朱子。熊先生訓「格」為量度，以為量度而悉得其理，即是格物。如「於事親而量度冬溫夏清，晨昏定省之宜，此格物也。入科學實驗室，而量度物象所起之變化，是否合乎吾人之設臆，此格物也。」而一切格物之事，皆當以致良知為本。故凡格物之事以及所得之知識，皆是「良知之發用」。然致良知又必須輔之以格物，否則，只務識得良知本體，仍將不免「耽空滯寂，而歸於絕物；亡緣亡照，而歸於反知」。若能兼致知與格物之功，知格物即是良知之發用，「則其格物也，即良知之應物現形，隨緣作主，……是則良知自然之妙用，乃不可遏絕者。故曰致知在格物也。」「良知之明，周通於萬物。良知以其條理融澈物之條理而無所隔閡，故物得為知之所量度，是云物格。」❻唐君毅先生在《中國哲學原論》書中，指出熊先生之說，是將人之求科學知識之事，攝於格物一目之下，而再視格物為良知之發用。此乃兼取陽明之意以立本，而以朱子之言為輔，而攝取清儒所尚之聞見之知與今人所尚之科學知識，以成其新說。唐先生又提到牟宗三先生《王陽明致良知教》第三章之所述，以為尤能扣緊德性之知（良知）與一般科學知識之知之不同，以論科學知識之知如何統攝於良知之系統。玆再約述牟先生書中〈致知疑難〉章之大旨於下。

❻ 見熊十力先生《讀經示要》卷一，臺北廣文書局影印本一〇一至一〇七頁。

第二節 良知之坎陷與統攝知識

陽明說「意之所在便是物」。如意在事親、事君，或意在仁民愛物、視聽言動，則「事親」「事君」與「仁民愛物」「視聽言動」，便各是一物❼。如此而說的「物」，實際上即是我們日常生活所牽連的種種行為。「事親」是一個生活行為，故事親即是一物（一件事）。然則所事之「親」是否亦是一物？事親是行為，而「親」不是行為，親是父母，父母是關係詞。但此關係詞所指的對象終究不是「非有」（虛無），如不是非有，他便是一個「有」。既是一個有，亦就是一個物，一個對象。再如「用桌子」是一件事，一個生活行為，而「桌子」究竟是一個物。若將物只限於生活行為，則凡桌子椅子等等豈便不是物耶？它若是一個物，則此物豈非與我心為對而在心外？如何能說「心外無物」？又將如何順致良知之教而「正」此物？復次，桌子椅子等物豈不亦有其理，對這種理將如何而窮之？這卻不是窮吾心良知之天理所能盡。良知之天理流行潤澤於生活行為，而即成就生活行為，成就生活實事；但它是

❼ 見《傳習錄》上。

否亦流行於桌子椅子之中而即能成就其為桌子椅子？這便是一大難題。然則，我將如何窮究這種理以成就這種種物？這卻不是道德是非的問題，而是知識問題。關於桌子椅子的一套，與陽明致良知的一套，是兩回事，但亦不能不會通而歸於一。陽明所謂「心與理一」「心外無理」「心外無物」，本是形上學的命題，他的格物義亦是形上學的；格物即是正物，即是成物。一切事物皆在良知之涵潤成就中，攝物以歸心，而為心所貫徹，此便是形上的直貫。亦正是儒家內聖之學的本義。但無論如何，在我眼前致良知之行為中，總有桌子椅子這種物間隔著而度不過，因而亦總有遺漏而不能盡。我們將如何順致良知而統攝這對於桌子椅子之知識？

人有行為的宇宙，亦有知識的宇宙。全宇宙可以攝入我的行為宇宙中，所謂參天地、贊化育，天地亦不外於吾心之良知。一念蔽塞，則天地閉、賢人隱；一念靈明，則天地變化草木蕃。這表示我的行為宇宙是蓋天蓋地的。但同樣的，全宇宙亦可攝入我的知識宇宙中，此則必有待於學問，以外知萬物之何所是。良知能斷制「用桌子」之行為，而不能斷制「桌子」本身何所是之知識。但就行為宇宙而言，良知斷制「用桌子」之行為，亦同樣斷制「造桌子」之行為。當我發念造一桌子，則我之良知必自知此一行為之是非善惡而斷制之。若知其為善而不為，則必自愧於意之不誠，而生起一慚愧之念，此時便必須致良知以完成應當完成之行為，以求無自欺而無愧於心。但真要完成這個造桌子的行為，便必須知此桌子之結構本性，以及造此桌子之手術程序。否則，雖有造桌子之誠意，而意無由達；雖有良知天理斷制此事應當做，亦仍將無從著手。這不能歸咎於良知天理之不足，而應該歸咎於我沒有造桌子之知識。可見要使造桌子之行為貫徹而實現，除良知以及「致」良知之外，還必須有造桌子之知識為條件。一切行為皆須有此知識條件。而此知識之一套，並非良知天理所可供給，必須知之於外物而有待於學。因此，每一個行為實際上都是行為宇宙與知識宇宙兩者之融一。（若轉進一步說，此亦是「知行合一」原則之一例。惟陽明言「知行合一」，尚未說到這一層。）良知決定這個行為應當做，致良知是由意志律而實現這個行為；但在此「致」字上，仍必須有知識的事物律乃真能實現這個行為。致良知之「致」字迫使我們吸收知識，我們即可在致字上攝入知識而融入致良知之教義中。

良知是道德心，而人之求知識，則依於了別心（認識心）。知識自必有待於外，而亦必有待於吾心之領取。領取便是了別，而了別的作用仍然是吾心所發出。但只說知識攝入致良知，不過是將一現成之知識參入其中，這並不足以盡此融攝之真實義。對此融攝之真實義必須有進一步說明：吾心良知決定一應當之行為，在實現此一行為時，固然必須一面「致」此良知，但就在這致字上，良知亦必須決定自己轉而為了別。這種轉化，乃是「良知自我之坎陷」(此亦仍然是良知天理中的一環)。良知自己決定坎陷自己以從物，從物才能知物，知物才能宰物。等它可以宰物之時，它又從坎陷中湧現它自己，而再會物以歸己，使物成為自己之所統與所攝。這就是入虎穴以得虎子的本領，亦即良知融攝知識之真實義。

茲以事親為例加以說明：

依陽明，事親即是一物，亦即一件事、一個行為。牟先生稱此為「行為物」。在事親這個行為物中，必有「親」這個物為其中之一員。要事親，必須先知親，所以在「事親」這個行為物中，必帶著「親」這個知識物（親是被知的對象）。但「知親」固然是一種知識，而要去知親，則亦表示是一種行為，一種使我成就或獲得關於「親」之知識的行為。既是一種行為，自然亦為吾心良知之天理所決定。良知天理決定去「事親」，同時亦決定去「知親」。這就表示：在致吾心之良知以成就「事親」這個行為物之中，必帶有致吾心之良知以成就「知親」這件事，以作為它的一個副套。「知親」這個行為既在成就知識，則「知親」中的「親」便是知識中的對象，這個對象即可名曰「知識物」。因此，副套中致良知的行為，皆是成就或獲得知識的行為。

抑有進者，不但由事親這個行為物而帶著的「親」是個知識物，我們甚至可以說，即使「事親」這個行為物，亦同時是個知識物。因為要事親，就必須具備關於事親之知識。良知決定「事親」這個道德行為，同時亦決定「知事親」這個知識行為。「事親」既已成為被知之對象，因此它亦是一個知識物。既是一個知識物，則吾心之良知在決定事親之時，亦須決定坎陷它自己以去了解「事親」這個知識物。此即知什麼是事親，如何去事親？要確實知道什麼是事親，如何去事親，則良知便須轉化為了別心。因此，每一致良知之行為中，不但有一副套之致良知行為而去了別知識物——即去了別「事親」中的「親」；而且每一致良知之行為本身即可轉化為知識物，因而發出一致良知之行為而去了別這由良知行為轉化而成的知識物——即什麼是事親，如何去事親。於此，乃顯出致良知行為本身之雙重性：既是「行為系統」，又是「知識系統」。

總之，致良知以事親，是一行為系統。良知坎陷自己而轉為了別心，則形成知識系統。而此含具在致良知行為中之知識系統又有二套：一是在「事親」之行為中所帶著的「知親」這一套，此即上文所謂副套；二是視「事親行為之本身」亦為了別之對象，而形成的「知事親」這一套，這是副套以外的一套。無論那一套，皆是吾心良知之天理決定坎陷它自己轉為了別心之後而形成，所以仍然統屬於致良知。此即表示：分解地說的「行為系統」與「知識系統」，皆統會於那整全的致良知之行為中而凝合為一。而且在每一致良知之行為中皆凝合而為一❽。

第三節　良知坎陷後之重現與圓成

良知自我之坎陷，乃是良知天理之不容自已，是良知天理在決定成就「事親」這個道德行為之同時，又發而為決定去「知事親」之知識行為中，所必然有的一步

❽ 按：良知之統攝知識，不僅在「事親」上是如此，在每一致良知之行為中亦莫不皆然。良知決定成就一應當之行為，則必不斷致其良知以求此一行為之真實完成。為完成此一行為所必須具備之某種知識，良知亦自會不容已地坎陷它自己轉而為了別心以求取之；知識既得，良知即重現作主而貫徹此一應當之行為以底於成。此即表示行為系統與知識系統在每一致良知之行為中皆凝合而為一。

坎陷。經過坎陷而了別「什麼是事親，如何去事親」，然後才能真正實現「事親」這個行為。至於「我為什麼應當事親」？「事親為什麼應當孝」？這卻不是知識系統中的事，而是良知天理所自決自定，是屬於行為系統者。陽明所說的良知，即是指這個決定道德行為的天心天理，致良知亦即致這個天心天理；而對於良知自己決定坎陷它自己轉而為了別心所形成的知識系統，則忽而不察。因為先哲講學，主旨只在成德性，成人格，對於有生以來所知所學之種種知識學問與本領，則視為不言而喻，而常不加考論。譬如陽明云：「知如何而為溫清之節，知如何而為奉養之宜者，所謂知也。」❾依陽明，這個「知」自是良知。但嚴格地說，這種知實屬知識系統。溫清之節、奉養之宜，是「事親」這個行為系統中所含攝的知識系統。什麼是溫清之節，什麼是奉養之宜，必須有以知之；知之，即是知識系統。知道「溫清之節與奉養之宜」，才能真正滿足知「如何去事親」這個知識條件。而良知天理則只是一個應當不應當之先天的決定。所以說，只有「為什麼應當事親，為什麼事親應當孝」這種應然之判斷，才是良知天心所自決自定。若落在溫清之節與奉養之宜上說，則當吾親寒熱飢渴之時，為什麼應當盡其溫清之節與奉養之宜，亦是良知之決定。至

❾ 見《傳習錄》中，〈答顧東橋書〉。此全段文已引見上第二章第三節。

於吾親之寒熱飢渴與我之甘旨奉養是否相順或者相違——譬如此時與彼時食物之多寡濃淡當如何，衣物之厚薄輕暖當如何，以及療疾服藥等等，則是一套事物歷程，而屬於知識系統。這一套知識，自非良知天心所能直接供給，而仍須良知坎陷而轉為了別心，然後乃能知之。在這最簡單親切的生活實事上，良知與知識常易混而不辨。其實，原則上是可以辨別的。當然，究極而圓融地言之，天心與了別心實為一心，只因要成就這件事，故良知天心必須坎陷自己而表現為了別心。此步坎陷若亦是良知天理之不容已，則了別心亦即是天心，是天心轉而為了別之用。每一致良知之行為，皆可作如是觀。

「行事親」與「知事親」是同時並起的。「行事親」含有行為系統（事親）與知識系統（知事親）之雙重性。而「知事親」是知識行為，知識行為則不必再言其雙重性，意即不必再言：知「知事親」。因為對「知事親」而說一個「知」，實際上只是一步反省自覺，並不能成就一個知識系統。但在「知事親」這個知識行為中，我既知道什麼是事親，如何去事親，同時，我亦可反而再問：什麼是知，如何成知？當我作這步反省考量時，便成功知識論。這步成就知識論的反省，只有在知識行為中表現。在知「親」，知「事親」，乃至知「桌子」，知「造桌子」之知識行為中，吾人一方面獲得關於對象之知識，而成就知識系統；另一方面即對此「知識行為」加以反省，而明白什麼是知，如何成知，這就是知識論。在這步反省中，知識方法、邏輯、數學、純幾何，乃至一切知識條件，皆可有一一之安頓。

道德行為固然是良知天心所自決，知識行為亦同樣是良知天心所自決。既決定有這個行為，便須貫徹良知之決定而成就這個行為。我們由於對一切行為之反省，而曉知道德行為與知識行為皆源於良知天心之決定，皆統屬於良知之天理，則這一步反省便成功道德形上學。在這道德形上學中，點出天心天理之實體以為宇宙人生之大本，這就是孔孟與宋明儒所一線相傳，而直到陽明之致良知教，亦不過是這一線之結集。現在再提出知識行為而容納知識系統於這個骨幹之中，因而亦就是容納一個知識論於道德形上學中，這亦仍然是一線之結集。必須如此，內聖之學，才可以無漏而無憾。

以上是牟先生所開發的義理大旨。

再綜括地說，良知決定坎陷自己而轉為了別心，就此了別心而言，心與物為對，心與理亦為二。在與物為對中成就知識的物理，以開出知識宇宙。而這求知識的活動與所開出的知識宇宙，本是良知坎陷自己轉為了別心而形成，所以，此一知識宇宙實由良知行為所成就，而亦為良知所統攝。因而當吾人將知識宇宙「會歸於行為宇宙，而視為其中之一員」時，則知識宇宙自不能離良知之行為宇宙而絕對獨立。這一個歷程，即是良知坎陷自己以從物，由從物而知物，由知物而宰物的歷程。在良知通過這個歷程而真能宰物（正物、成物）之時，良知即從坎陷中再度湧現它自己，而恢復它「不與物對」「與理為一」的天心天理之本性，這就是良知之「重現」。

這良知重現之歷程，亦即致良知之整全的行為歷程。分解地言之，可有五步：

(一)良知天心決定成就一應當之行為，是第一步。

(二)在致良知之「致」中，良知決定坎陷它自己以轉化為了別心，是第二步。

(三)了別心在與物為對中而發動知識行為以成就知識系統，是第三步。——對此知識行為加以反省，即成功知識論。

(四)融攝知識宇宙而會歸於行為宇宙，使知識統屬於良知，是第四步。——反省一切行為而知其皆統屬於良知之天理，即成功道德形上學。

(五)良知恢復其不與物為對之天心天理之本性，而即致吾心良知之天理於事事物物，使事事物物各得其正，各得其成，這就是第五步。——這最後一步即形上之直貫，表示致良知教之圓滿完成。

若以牟先生之言與熊先生相較，則既有類同，亦有推進。唐先生有一段話❿言之甚肯當：「牟先生之言，由良知自己決定轉化出了別心，以與物為對而成就知識之說，有類於熊先生之於良知之發用中，包涵一量度之格物之事之說。然又多了一層轉折。即此中尚有良知之自己所決定之轉化為了別心之一事在。由是而此了別心及其所成之知識宇宙，乃真有其相對之獨立性者。唯此了別心與知識宇宙之成立根據，仍在良知之如是如是自己決定之行為。於是知識宇宙，仍統屬於良知之行為宇宙中。此其為說，雖仍本陽明之教立本，然亦更能對一般聞見之知，或清末人所謂格致之知，及今人所謂純粹知識或科學之知，與以一相對獨立之範圍。而其言吾人之良知，必須自己決定成立此知識宇宙，乃有此知識宇宙之成立；亦無異於謂中國重德性之知之文化學術，必須自己決定轉化出重知識之一義，乃能攝納西方之科學，開創中國未來之科學，以為通中西文化學術之郵。吾人承認科學，是知識；然吾人之決定要科學之一決定，則非知識，而只是吾人之良知之決定。此決定，乃斷然在科學知識之上一層次者。科學本身，依於其上一層次之良知之決定要他有而有，則

❿　見唐君毅先生《中國哲學原論》上冊三三九至三四〇頁。

科學之知自亦不能攝盡一切之知，而必以良知為之主。而中國傳統思想中之重德性之知及良知之教，在原則上決不可動搖，亦由此可知矣。」

第五章　良知與中和寂感

宋明儒討論中和問題所依據的基本文獻，是《中庸》首章。茲錄原文於此，以備參照：

天命之謂性，率性之謂道，修道之謂教。道也者，不可須臾離也；可離，非道也。是故君子戒慎乎其所不睹，恐懼乎其所不聞。莫見乎隱，莫顯乎微，故君子慎其獨也。喜怒哀樂之未發，謂之中；發而皆中節，謂之和。中也者，天下之大本也；和也者，天下之達道也。致中和，天地位焉，萬物育焉。

第一節　求未發之中與觀未發氣象

問：「伊川謂不當於喜怒哀樂未發之前求中，延平卻教學者看未發之前氣象，何如？」先生曰：「皆是也。伊川恐人於未發前討個中，把中做一物看，如吾向所謂認氣定時做中，故令只於涵養省察上用功。延平恐人未便有下手處，故令人時時刻刻求未發前氣象，使人正目而視惟此，傾耳而聽惟此，即是戒慎不睹、恐懼不聞的工夫。皆是古人不得已誘人之言也。」（《傳習錄》上）

《中庸》雖說「喜怒哀樂之未發，謂之中」，但吾人卻不能於「未發之前」求個中。凡說前後便有時間相，亦含空間相。而「中」並不是一個物，不能說它在什麼時候，或在什麼地方。事實上豈有孤單單擺一個東西在未發之前叫做「中」的？伊川正怕人就未發之前討個「中」，把「中」看做一個時空中的物，所以說「不當於喜怒哀樂未發之前求中」。——按：伊川論中和，主要見於他與橫渠門人呂與叔、蘇季明二人之討論❶。伊川對於「中即是性」與「求中」之說，皆表示反對。呂與叔說

「中即是性」，又會通孟子心性不二之義，而說：中即本心。與叔之意並無差謬。而伊川之論辯卻反而顯得糾結而滯礙。但究實而言，亦不是伊川滯礙不通，而是由於他的思理與《中庸》《孟子》睽違不合（他自己卻不甚自覺），所以論辯之時，顯得滯礙而不順暢。伊川之言心並不是《孟子》的本心義，而是以實然的觀點看心，所以心性分而為二；性即是理，而心不能即是理。他所意謂的「中」，實際上是指吾人之心處於一種「不發未形」因而亦無所謂偏倚的境況。在這個意義上所說的「中」，並不是超越喜怒哀樂之情變、異質地跳越一步、而指目那個超越的性體或本心。因此伊川所謂「只不發便是中」的那個心境，並不是「性即理」的性，因而亦不是《中庸》之「性體」與《孟子》之「本心」。以是，他不能許可呂與叔「中即是性」以及「中即本心」之說。在答蘇季明之問時，伊川又提出「在中」與「求中」之分。他以為：喜怒哀樂未發，是言「在中」之義。在中之「中」，是形容字，是形容一種境況。以是，「中」不能離此實然的心之喜怒哀樂，而空置為別一物。換言之，不能離此實然的心之喜怒哀樂，而別有一個懸空的物而名之為「中」。否則，此名之為「中」的物，便是虛空的物，而不是一具體的「不發未形」之實然的心境。既是虛

❶ 見《二程遺書》卷十八。

空的物，又如何能「求」？此即伊川所以反對「於喜怒哀樂未發之前以求所謂中」的關鍵所在。伊川之意，大體如此，茲不擬多論。其詳，請參看牟先生《心體與性體》第二冊第二章第六節。至於陽明言中和之意，與伊川並不相同。只因原則上既肯許不可「把中做一物看」，因而亦遂贊同伊川「不當於喜怒哀樂未發之前求中」之說而已。

雖不可於未發之前討個中，而《中庸》卻說「未發之謂中」。然則，未發之時是個什麼狀態？看來未發之時，說有非有，說無非無，自應有個氣象可觀。於此，李延平乃教人「觀未發之前氣象」❷。這比「在未發之前求中」要活轉得多了。說「求

---

❷ 按：李延平為朱子之師。延平師羅豫章，豫章師楊龜山。《宋元學案》卷三十九，〈豫章學案〉附錄，載李延平曰：「羅先生令靜中看喜怒哀樂未發之謂中，未發時作何氣象？」同卷〈延平學案〉附錄，又載朱子曰：「李先生教人，大抵於靜中體認大本未發時氣象分明，即處事應物，自然中節。此乃龜山門下相傳之指訣。」可知觀未發氣象，乃二程門人楊龜山傳下之工夫指訣，並非始自延平。此一工夫指訣，屬於「超越的體證」。而與延平同時之胡五峰，則是「內在的體證」。兩者皆不同於伊川。而朱子則承伊川而順成其義。故既評議五峰，亦不滿其師延平之說。關此，本書不及論，請參看牟先生《心體與

中」似不免是知解而推求之，「觀氣象」則有內斂默識的意味。這是當下在喜怒哀樂之外，直指本心以見體取證。這其中必有一個「人所不知而己所獨知」之真是非，這是瞞不過的。這裡真是「莫見乎隱，莫顯乎微」，真是「十目所視，十手所指」，天地鬼神都在鑒臨。此時，你不可自欺，你要「勿愧屋漏」。說得到此，「戒慎乎其所不睹，恐懼乎其所不聞」才有意義。所以陽明說「使人正目而視惟此，傾耳而聽惟此，即是戒慎不睹、恐懼不聞的工夫」。所謂「戒慎恐懼」，亦只是一念不昧天良而已。人能一念不昧天良，便能「沛然莫之能禦」，自然發而中節。若說人總是一個有限的生命，總有氣質之偏與形氣之私，再加上外物之誘，豈真能時時發而中節？這個問話，卻是舍本逐末之談。人若將心事專注於中節不中節，只在這「中節」「不中節」上來回照顧，便是隨事逐物，工夫那有了期？因此，不管你發的中節不中節，我只不從你發處說話，而單從你念頭上「人所不知而己所獨知」處，指點一個標準給你，使你自己取證。只要你不瞞它，它自然會為你證明一個真是非。這個標準便是天心天理（良知天理），亦即是你的體、你的性。這是你一念起處，當下具備了的。這個能證明你之「是」與「非」的先天之標準，即是大本之中；順中而發，便

性體》第三冊朱子部前三章。

是達道之和。以上是順陽明學之義理並參照牟先生《王陽明致良知教》第四章之義稍作解說。

至於延平所謂「觀未發之前氣象」，我們可以根據朱子所作〈延平行狀〉略作說明。〈行狀〉謂延平「講論之餘，危坐終日，以驗夫喜怒哀樂未發之前氣象為何如，而求所謂中者。若是者蓋久之而知天下之大本有在乎是者也。」又引延平之言云：「學問之道，不在多言，但默坐澄心，體認天理。若見，雖一毫私欲之發，亦退聽矣。」❸延平所謂「默坐澄心，體認天理」，是根據他「危坐終日，以驗夫喜怒哀樂未發之前氣象為何如，而求所謂中者」而來。這是延平基本的工夫入路。這步工夫是一種超越的逆覺體證。所謂超越，即是隔離一下。在默坐危坐之隔離的、超越的體證中，「中」體（亦即性體，又可名獨體）即從私欲、氣質、喜怒哀樂情變之混雜中澄然凸現，成其為純粹自己之自存自在，這便是「莫見乎隱，莫顯乎微」的澄然、森然之氣象❹。在此體證中，天理與私欲顯現一截然之對照，所以說：「若見，雖

❸ 見《朱文公文集》卷九十七。

❹ 《朱文公文集》卷四十三，〈答林擇之三十三書〉之第二十書中引延平語，有云「先言慎獨，然後及中和」。可見延平亦注意到《中庸》之言「致中和」，是直承上文「慎獨」而

一毫私欲之發，亦退聽矣。」據此可知，延平在講論之餘，「危坐終日」，「默坐澄心」，決不是泛泛的靜坐，決不是朱子所謂「只是且收斂在此，勝似奔馳」❺；而根本是一種本體論的體證，藉此以見體，以清澈自己之生命；由此而以中導和，發而中節，然後乃有真正的道德行為之引生，以成就道德創造。延平此義，朱子有隔漠，而陽明卻能相知，所以對「伊川」與「延平」之說，兩成許可，這正是陽明之通達處。

第二節 致中和與慎獨

澄❻問：「喜怒哀樂之中和，其全體、常人固不能有；如一件小事當喜怒者，平時無有喜怒之心，至其臨時亦能中節，亦可謂之中和乎？」先生曰：「在一時之

來。故其超越的體證所體證之中體（獨體），即是那自存自在、莫見莫顯的澄然森然之氣象。

❺ 見《朱子語類》卷一百三。

❻ 陸澄，字原靜，又字清伯。見《明儒學案》卷十四，屬浙中王門。

事，固亦可謂之中和，然未可謂之大本達道。人性皆善，中和是人人原有的，豈可謂之無？但常人之心，既有所昏蔽，則其本體雖時時發見，終是暫明暫滅，非其全體大用矣。無所不中，然後謂之大本；無所不和，然後謂之達道。惟天下之至誠，然後能立天下之大本。」

曰：「澄於中字之義尚未明。」曰：「此須自心體認出來，非言語所能喻。中只是天理。」曰：「何者為天理？」曰：「去得人欲，便識天理。」曰：「天理何以謂之中？」曰：「無所偏倚。」曰：「無所偏倚是何等氣象？」曰：「如明鏡然，全體瑩澈，略無纖塵染著。」

曰：「偏倚是有所染著，如著在好色好名好利等項上，方見得偏倚。若未發時，美色名利皆未相著，何以便知其有所偏倚？」曰：「雖未相著，然平日好色好名好利之心，原未嘗無。既未嘗無，即謂之有；既謂之有，則亦不可謂無偏倚。譬如病瘧之人，雖有時不發，而病根原不曾除，則亦不得謂之無病之人矣。須是平日好色好名好利等項一應私心，掃除蕩滌，無復纖毫留滯，而此心全體廓然，純是天理，方可謂之喜怒哀樂未發之中，方是天下之大本。」（《傳習錄》上）

這一段問答，可分三點說明：

㈠人性皆善，所以在某一時某一事上，其喜怒之發亦常能中節，這自然亦可說是「中和」。但常人之心，不能無昏蔽。當心體之善發見時，是「明」；昏蔽時，便是「滅」。既然有時明，有時滅，便是有所不中，有所不和，如此，豈得謂之大本達道？大本是天下事理之所共出，達道是天下古今之所共由。所以必須無所不中，方為「大本」；無所不和，方為「達道」。

㈡陽明以為「中只是天理」，「去得人欲，便識天理」。天理無所偏倚，故謂之中。除了天理，無有可以謂之「中」的。

㈢問者以為未發時根本「未著」，既然未著，自然沒有偏倚之可言。如此，便可說是「中」了。其實，喜怒之情雖未發未著，但仍然可以有所偏倚，所以不能因其未發未著便以之為「中」。它之所以有偏倚，是因為有病根在：如平日好色好名好利之心未嘗無，這便是病根；既有此病根，雖未發未著，亦不可說無所偏倚。而這個病根是以天心天理對照而顯出。若不提出這個「人所不知而己所獨知」的天心天理以對照取證，則有病時固然是業識流轉，即使無此病根，亦是茫茫蕩蕩，終成個癡騃漢。此等處必須徹底勘破，才能如明鏡一般瑩澈朗照。所以說：「須是平日好色好名好利等項一應私心，掃除蕩滌，無復纖毫留滯，而此心全體廓然，純是天理，方可謂之喜怒哀樂未發之中，方是天下之大本。」

問：「寧靜存心時，可謂未發之中否？」先生曰：「今人存心，只定得氣。當其寧靜時，亦只是氣寧靜，不可以為未發之中。」曰：「未便是中，莫亦是求中工夫？」曰：「只要去人欲、存天理，方是工夫。靜時念念去人欲、存天理，動時念念去人欲、存天理，不管寧靜不寧靜。若靠那寧靜，不惟漸有喜靜厭動之弊，中間許多病痛，只是潛伏在，終不能絕去，遇事依舊滋長。以循理為主，何嘗不寧靜？以寧靜為主，未必能循理。」（《傳習錄》上）

陽明這段話，說得懇切而醒豁。其大意可約為三：㈠著意求寧靜，只是「定得氣」，若以定氣為寧靜，則一方面是把持——不平順自然；一方面又將窒息——氣可以養，而不可以凝定，若凝定便將窒息。凡工夫病痛都是發在氣上，若以定住氣為「求中」工夫，則表示對未發之「中」尚甚茫然。㈡中只是天理，寧靜定氣不是中，求中工夫亦不自寧靜著手，惟「去人欲、存天理」方是工夫。㈢無論靜時動時，只是念念去人欲、存天理；此中關鍵只在循理，而不在寧靜定氣。所以說「以循理為主，何嘗不寧靜？以寧靜為主，未必能循理」。由此可知，「中」不是在氣機之「斂」或「發」上說，而是在一念獨知之天心天理處說。

澄問象山在人情事變上做工夫之說。先生曰：「除了人情事變，則無事矣。喜怒哀樂，非人情乎？自視聽言動以至富貴貧賤患難生死，皆事變也。事變亦只在人情裡。其要只是致中和，致中和只是謹獨。」（《傳習錄》上）

所謂「在人情事變上做工夫」，仍然是「去人欲、存天理」。去得人欲淨盡，而無纖毫留滯，自然心體廓然，純是天理。這亦就是「致中和」「謹獨」的工夫。謹獨即慎獨。獨，即是「人所不知而己所獨知」的良知，亦即是天心天理。吾心良知之天理，即是「中」；致良知之天理，即是「和」❼。

❼ 按：陽明〈答陸原靜書〉云：「良知即是未發之中。」《傳習錄》中又云：「未發之中，即良知也。」王龍溪更順陽明之意而闡述之，曰：「良知即是未發之中，即是發而中節之和。」（見下第三節引述）。

正之❽問：「戒懼是己所不知時工夫，慎獨是己所獨知時工夫，此說如何？」先生曰：「只是一個工夫，無事時是獨知，有事時亦是獨知。人若不知於此獨知時用力，只在人所共知時用功，便是作偽，便是『見君子而後厭然』。此獨知時，便是誠的萌芽，此處不論善念惡念，更無虛假；一是百是，一錯百錯，正是王霸義利誠偽善惡界頭。於此一立立定，便是端本澄源，便是立誠。古人許多誠身的工夫，精神命脈，全體只在此處。真是莫見莫顯，無時無處，無始無終，只是這個工夫。今若又分戒懼為己所不知，則工夫便支離，亦有間斷。既戒懼，即是知；己若不知，是誰戒懼？如此見解，便要流入斷滅禪定。」曰：「不論善念惡念，更無虛假，則獨知之地，更無無念時耶？」曰：「戒懼亦是念，戒懼之念，無時可息。若戒懼之念稍有不存，不是昏瞶，便已流入惡念。自朝至暮，自少至老，若要無念——即是己不知，此除是昏瞶，除是槁木死灰！」

（《傳習錄》上）

「戒懼」即是「慎獨」，問者分而為二，自不妥當。而第一句以戒懼為「己所不

---

❽ 黃宏綱，字正之，號洛村。見《明儒學案》卷十九，屬江右王門。

知時工夫」，尤為不諦。既說「戒懼」，便是「知」，自己若是不知，那是誰在戒懼？又戒懼個什麼？如此，不但工夫支離間斷，而且亦是昏聵茫然。戒懼、慎獨，只是一個工夫，都必須在「獨知」之時常惺惺（念念警覺）。而「獨知」無分於有事無事，亦無間於動靜。一念獨知時即是誠的萌芽，而常惺惺便是「端本澄源」，便是「立誠」。

「誠」即是良知之天理，亦即是天理之「中」。陽明教人「靜時念念去人欲存天理，動時念念去人欲存天理」；存天理是「存養」，去人欲便是「察識」。《傳習錄》上云：「省察是有事時存養，存養是無事時省察。」（省察與察識，意同。）人有動時，有靜時，有有事時，有無事時；但良知天理無分於動靜，亦無分於有事無事。因此，工夫亦無分於動靜，無分於有事無事。不能說動時有事時只察識而不存養，靜時無事時只存養而不察識。須知察識亦只是默識心通，故察識而從容，便是動時有事時的存養。存養亦只是警覺不昏聵，故存養而昭明，便是靜時無事時的察識。存養察識合一，即是戒慎（戒懼慎獨）工夫。這是自少至老、自朝至暮而不容間斷的，所以說「戒懼之念，無時可息」。《大學》以「毋自欺」解釋「誠」，誠即是中，即是天理。因此，存養亦只是存個毋自欺，察識亦即是識個欺的病。戒慎不欺而存誠，即是良知之天理，亦即是中；內不自欺，順中而發，自然無不中節，此便是和。陽明將慎獨、致中和統攝於致良知教來講，比朱子「靜養動察」「敬貫動靜」的講法❾，自更直截、更圓融。

第三節　良知之體用與中和寂感

性無不善，故知無不良。良知即是未發之中，即是廓然大公、寂然不動之體。人之所同具者也。但不能不昏蔽於物欲，故須學以去其昏蔽；然於良知之本體，初不能有加損於分毫也。知無不良，而中、寂、大公之體未能全者，是昏蔽之未盡去，而存之未純耳。體即良知之體，用即良知之用，寧復有超然於體用之外者乎？（《傳習錄》中，〈答陸原靜第二書〉首段）

❾ 朱子言「靜養動察」，故主「先涵養後察識」。涵養是涵養後起之敬心（凝聚肅整），察識是察識已發之情變。然朱子又言「敬貫動靜」。既敬以貫之，則因動靜而分之涵養與察識，終須合一。唯朱子畢竟是從後天工夫入，與陽明致良知教之從良知開先天工夫者不同，此須別論，茲不能詳。

這段話表示四點意思：㈠良知即是未發之中，即是廓然大公、寂然不動之本體。㈡良知本體，人人同具，但因物欲之昏蔽，故良知本體（亦即中、寂、公）不能全體呈現。而須從事於學以去昏蔽。㈢雖有昏蔽，然於良知本體並無所加損；昏蔽既去、存養既純，本體自然呈露。㈣所謂體用，即是良知之體用；良知並不超然於體用之外，離開良知亦無所謂體用。

在同書之次段，陽明又云：

> 理無動者也。常知常存，常主於理，即不睹不聞、無思無為之謂也。不睹不聞、無思無為，非槁木死灰之謂也。睹聞思為一於理，而未嘗有所睹聞思為，即是動而未嘗動也。所謂「動亦定，靜亦定」，體用一原者也。

理，即吾心良知之天理。「常知」是知此理，「常存」是存此理。主是主一，「常主於理」，即一心在天理上之謂。「睹、聞、思、為」一於理，而實未嘗有所睹、聞，有所思、為；必須落在事上才有所睹、聞，有所思、為。反之，「不睹不聞、無思無為」，亦並非槁木死灰之謂；而是《周子通書》所謂「動而無動，靜而無靜」之意。

但動而無動，靜而無靜，卻不是真不動不靜，只是沒有動靜之相；必須落在事上才有動相或靜相，理之本身是無相可見的。良知之天理（良知心體）永恆貞定，故「動亦定，靜亦定。」❿依陽明，「心不可以動靜為體用。動、靜，時也。即體而言，用在體；即用而言，體在用；是謂體用一源。若說靜可以見其體，動可以見其用，卻不妨。」⓫總之，體既非靜，用亦非動，即動即靜，即體即用，是之謂「體用一原」。

陽明於同書第三段又云：

未發之中，即良知也；無前後內外，而渾然一體者也。有事無事可以言動靜，而良知無分於有事無事也。寂然感通可以言動靜，而良知無分於寂然感通也。動靜者，所遇之時；心之本體固無分於動靜也。理無動者也，動則為欲。循理，則雖酬酢萬變而未嘗動也；從欲，則雖槁心一念而未嘗靜也。動中有靜，靜中有動，又何疑乎？有事而感通，固可以言動，然而寂然者未嘗有增也；無事而寂然，固可以言

❿ 程明道語，見《定性書》。

⓫ 見《傳習錄》上。

靜，然而感通者未嘗有減也。動而無動，靜而無靜，又何疑乎？無前後內外而混然一體，則至誠有息之說，不待解矣。未發在已發之中，而已發之中未嘗別有未發者在；已發在未發之中，而未發之中未嘗別有已發者存。是未嘗無動靜，而不可以動靜分者也。

這一段是就體用合一而言，亦即就良知自性上說。「未發」之「中」，即是良知之天理；「已發」之「和」，即是良知天理感通之用。一般而言，有事為動，無事為靜；寂然為靜，感通為動。但良知之天理無分於有事無事，亦無分於寂然感通，因而亦無分於動靜。（動靜因「時」而顯，良知心體超越時間而自存，故無分於動靜。）在良知之天理上不能說「動」，動者是人之欲。欲從氣來，不是從理來。所以「循理」而行，雖酬酢萬變，亦未嘗動；動者是事，而理未嘗動，於此可說「動中有靜」。反之，若是「從欲」，則雖槁心一念，亦未嘗靜；靜者是相，而欲未嘗息，於此可說「靜中有動」。有事而感通，於寂然之體並無所增；無事而寂然，而感通之用（良知心體感而遂通之用）並無所減。所以說「動而無動，靜而無靜」。總之，良知即體即用、即動即靜、即寂即感，無前後內外而渾然一體，它自是至誠無息者，故不可說

「至誠」而「有息」。而且「未發」即在「已發」之中，但卻不可說「已發」之中又有一個「未發」；「已發」即在「未發」之中，但亦不可說「未發」之中又有一個「已發」。分而言之，說為「未發之中」與「已發之和」；圓融地言之，則「未發之中」即是「已發之和」。

以是，陽明弟子王龍溪云：

良知即是未發之中，即是發而中節之和。此是千聖斬關第一義，所謂「無前後內外而渾然一體」者也。若於良知之前別求未發，則是二乘沉空之學；良知之外別求已發，則是世儒依識之學。或攝感以歸寂，或緣寂以起感，受症雖若不同，其為未得良知之宗則一而已⓬。

龍溪所說，正是本於陽明之意。所以黃梨洲《明儒學案》敘述陽明成學以後之三變時，對龍溪之言亦頗有採取⓭。龍溪所謂「若於良知之前別求未發」云云，是對江

⓬ 見《王龍溪語錄》卷六，〈致知議略〉。王畿，字汝中，號龍溪。見《明儒學案》卷十二，屬浙中王門。

右王門聶雙江、羅念菴而發⓮。良知即是未發之中，不能還有一個在良知之前的中；若再於良知本體之前另求個未發之中，便是沉空渺茫之見。良知之感應即是已發之和，其感應即使不離喜怒哀樂，而喜怒哀樂亦必上提而即內在於良知之感應，故不能於良知之外求已發之和；若再於良知感應之外別求一個發而中節之和，便是依情識說和，而不是依良知之明覺感應說和。龍溪所說並無過差，而且是體道有得之言。而聶雙江獨唱異議，與龍溪往返致辯⓯，羅念菴思路同於雙江，遂亦起而相附和。

⓭ 見《明儒學案》卷十，〈姚江學案〉。本書第一章第三節已有引述，請參看。

⓮ 聶豹，字文蔚，號雙江，於陽明卒後，設位祭拜稱弟子。羅洪先，字達夫，號念菴，陽明卒後之三十五年，應錢緒山之約考訂《陽明年譜》，猶稱後學，經錢緒山之勸改稱門人。故二人皆陽明私淑弟子，而同屬江右王門。江右王門人物最多，但無統一之特殊風格。鄒東廓、歐陽南野、劉兩峰、劉師泉、陳九川等，皆陽明及門弟子，大體守師說而無踰越，而鄒東廓尤為純正，恰似浙中王門之錢緒山。江右王門中能顯一特別論調者，是雙江與念菴，故凡論及江右，皆注目於此二人。然二人於陽明之思路實多扞格，其唱異議，即江右王門亦不贊同也。

⓯ 雙江與龍溪之辯論，凡九難九答，乃王門中一重要之辯論。後輯為〈致知議辯〉，編入《王龍溪語錄》卷六。

雙江與念菴的主要論點，是以「已發」「未發」之方式想良知，把良知亦分成已發與未發。他們以為表現知善知惡的良知（獨知），是已發的良知，尚不足恃；必須通過致虛守寂的工夫，歸到那未發的寂體，方是真良知。若於此未發之體見得諦，養得真而純，則自然發而皆中節。據此，是想以未發寂體之良知，主宰已發之良知；而所謂致知，即是「致虛守寂」以致那寂體之良知以為主宰。這個想法，幾乎完全不合陽明之思路。《中庸》言未發已發，本是就喜怒哀樂之情上講。並不是說良知心體亦有未發已發之分。陽明隨門人之問，雖亦相應寂感而將未發已發收於良知上說（略見上引〈答陸原靜第二書〉，其詳請參看《傳習錄》中該書全文），但陽明已明白指出：良知無前後內外而渾然一體。無分於有事無事，無分於動靜，亦無分於寂感。良知之寂感是即寂即感的，不能把良知分為寂然不動之良知與感應感通之良知。以是，若在良知本身說發與未發，亦是即發即未發、即中即和，而無分於發與未發，無分於中與和。中，是就良知自體說；和，是就良知感應說。龍溪所謂「良知即是未發之中，即是發而中節之和」，正是申述陽明之義。陽明〈詠良知〉詩云：「無聲無臭獨知時，此是乾坤萬有基。」又云：「良知卻是獨知時，此知之外更無知。」又四句教第三句云：「知善知惡是良知」。可見陽明所說的「良知」，即是那人所不知而已所「獨知」的「知善知惡」的良知。但雙江則以為：「獨知是良知的萌芽處，與良知似隔一塵。此處著功，雖與半路修行不同，要亦是半路的路頭也。致虛守寂，方是不睹不聞之學，復命歸根之要。」⓰雙江何以如此說？茲依據牟先生〈王學的分化與發展〉⓱文中之論斷，分三點說明如下：

㈠依雙江，獨知已是已發，尚不是未發之寂體；同樣，知善知惡之知，亦是已發之知，尚不是未發之寂體。此顯然與陽明之意不合。

㈡依陽明，獨知是良知，知善知惡是良知，良知隨時有表現，即就其表現當下肯認而致之，故眼前呈現之良知，在本質上與良知自體無二無別；因此而有龍溪「以見在為具足」之說。而雙江則以「見在」者為已發，必須致虛守寂方算真良知。如此則良知分成已發與未發兩截，亦與陽明義不合。

㈢依陽明，「致」字是擴充義，致知是前進地把良知推致於事事物物上，以使事事物物皆得其理、皆得其正。而雙江則以為歸寂方算致良知，如此則致字是向後返，

⓰ 見〈致知議辯〉第三辯。

⓱ 刊於《新亞書院學術年刊》第十四期。牟先生又撰〈致知議辯疏解〉一文，刊於《新亞書院學術年刊》第十五期。二文各長四萬餘言，併請參看。

而不是向前推擴；此亦與陽明致良知教之義不合。

雙江所謂「致虛守寂」，以歸到那未發的寂體，畢竟這個寂體要不要感應發用？若是不發用，則它便是個死體，雙江之意自非如此。若要發用，是它自己發用乎？還是另有個工夫使它發用？雙江之意自亦不會是後者。既是它自能感應發用，又發而自能中節，則龍溪本於陽明之意而說「良知即是未發之中，即是發而中節之和」，又何能加以反對而必欲於良知之前求個未發？良知豈能分為已發與未發兩截，而再在其中來定個主從？世間豈有被主而為從的良知乎？「人所不知而己所獨知」的「知善知惡」的良知若猶不可信，則你所信的那個未發的寂體，又將在什麼契機上發而為善的意？又誰去鑒照這已發的是善意或是惡意？豈非知善知惡的良知乎！若說這知善知惡的良知（獨知）仍算不得真良知，則你那未發的良知寂體更將如何與「意」發生交涉？你若答道：物來順應而已。但「應」豈不亦是已發？且又誰去知它「應」得是與不是、當與不當？豈不還是那知善知惡的良知（獨知）？你怎能說這知善知惡的良知（獨知）為已發而算不得作主的真良知？不信這知善知惡的獨知的良知，則你那未發的寂體畢竟無從與「意」生交涉。與意尚且無交涉，又將如何與意之所在的「物」發生交涉而致知以正物？難道天下竟有與「意」「物」永遠不生交涉的未發之良知寂體乎？如此一加追究，則那由後返歸寂而得的未發之知體，亦難說是個什麼物了。這樣講王學，如何能說已得陽明之真傳？致虛守寂工夫並非不可講，但必須遵守致良知教之軌轍，必須不背陽明之義理。若說學貴自得，何必盡守陽明軌轍？如此，則脫離王門可耳，又何必依附王門？既自居於王學，又豈能背離陽明之義理⓲？

當雙江唱異議時，王門親炙弟子（包括江右）皆不贊同，「惟羅念菴深相契合。謂雙江所言真是霹靂手段，許多英雄瞞昧，被他一口道著。如康莊大道，更無可疑。」⓳牟先生認為念菴這幾句讚語，故作驚人之筆，實誇奢過分。按：所謂「致虛守寂」，亦不過是李延平觀未發氣象以求所謂中的老路，怎能說是霹靂手段？陽明〈詠良知〉詩有云：「人人自有定盤針」，然則又有什麼英雄曾予瞞昧、能予瞞昧？

⓲ 按：若云弟子後學亦可修正師門義理，此固然。然此不能憑空一句話，必須確有所見、確有所得，而真能推進一步，方算數。而雙江念菴之說，平心看來，實只是陽明初期講學「默坐澄心」之一段工夫，然彼等又不自知，乃將良知拆成已發未發兩截，故形成議論上之擾攘。關此，本節末段有解說。

⓳ 見《明儒學案》卷十七，黃梨洲論聶雙江語。

且念菴嘗云：「往年見談學者皆曰知善知惡是良知，依此行之，即是致知。予嘗從此用力，毫無所入，久而後悔之。」⓴這正表示由於他不熟悉陽明之義理思路，所以用力久而竟無所入，終於回頭別求一條體認良知的路，而與雙江同調。他們自己鑽研，當然有其個人之體會處、自得處。但以自己之想法，依附於陽明一二話頭而夾雜以致辯，便顯得多所扞格；申述自己之思路，而又以王學自居，亦顯得彆扭而不順適。可知及門不及門，實在大有分別。

大體說來，自從陽明悟得良知並提出致良知宗旨以後，門人用功大都落在如何保任而守住這良知，而即以此「保任守住」為致的工夫。如鄒東廓之「得力於敬」，以戒懼為主；錢緒山之唯求「無動於動」；季彭山之主「警惕」而不主自然㉑；皆是為的使良知能保任守住而常呈現。這些本是常行工夫，所以各人的主張並不影響陽明之義理。假若雙江念菴亦是在這種意義上說「致虛守寂」，便與陽明初期講學之

⓴ 見《明儒學案》卷十八，〈念菴學案：甲寅夏遊記〉。

㉑ 鄒守益，字謙之，號東廓，見《明儒學案》卷十六，屬江右王門。錢德洪，字洪甫，號緒山，見《明儒學案》卷十一，屬浙中王門。季本，字明德，號彭山，少師王思輿，後師陽明。見《明儒學案》卷十三，屬浙中王門。

「默坐澄心」「以收斂為主」的宗旨相似，如此，亦可不影響陽明之義理。經過枯槁寂寞之後，一切退聽，而後天理烱然；這等於是閉關，亦等於主靜立人極或靜坐以觀未發氣象。但經過體認寂體或良知這一關之後，並不能一了百當。因為這只是抽象地單顯知體（良知本體）之自己，並不表示即能順適地貫下來。所以李延平經過觀未發氣象之後，必言「冰解凍釋」，始能天理流行㉒。在良知教中亦是如此。一切退聽而歸寂了，等到出來應事，仍不免有意念之私與氣質之雜，良知天理還是不能順適貫下來（故閉關出來，而依然七顛八倒者，亦所在多有）；陽明講致良知，便正是從此能否貫下來處著眼以言其「致」，致，即是使它貫下來之謂。如何能貫下來？還是要靠良知本身有不容已地要湧現出來的力量，除此，別無其他歧繞出去的巧妙辦法。就良知當下呈現而指點之、肯認之，這便是逆覺（內在的逆覺體證）；步步逆覺而體證之，即是步步推致而擴充之，所以只言「致良知」即可。並不須擱下這致良知而回頭枯槁一番，以後返地致此良知之寂體（超越的逆覺體證）。你若覺得有此需要，或願意枯槁一番以致虛守寂，那是個人的事。但真要使良知寂體流行於日用之間，還是要做陽明所說的那一套。若只是在這個軌轍上講致虛守寂，自無

㉒ 參見《朱文公文集》卷九十七〈延平行狀〉論延平開端示人處。

不可。但雙江念菴為了講枯槁歸寂，乃以已發未發之方式想良知，而把「良知」一詞拆開，把知善知惡之良知，看成已發，又看成是普通中性的知覺，隨善念惡念而追逐，故云「善惡交雜，豈有為主於中者乎？中無所主，而謂知本常明，恐未可也。」又云：「知善知惡之良知隨出隨泯，特一時之發見耳。一時之發見未可盡指為本體，則自然之明覺固當反求其根源。」㉓此明是以知善知惡之知不是良知，自然之明覺不是常明的明覺，而只是在善惡交雜中隨出隨泯而不可為主的知覺，知覺有良有不良，故必須反求於知善知惡的良知之前，另求一個為主的寂體。殊不知「知善知惡之知」即是良知，即是「即寂即感」之寂體，即是常明之明覺。它不是隨善念惡念而追逐的可良可不良的普通之知覺，而是駕臨於善念惡念之上的超越標準。善念惡念在下，可以說交雜；而此駕臨在上的知善知惡的知，乃是絕對的純一，何可言交雜？這純一的超越的標準即是主，又何可再反求於根源以另求一個主？既有此為主之「知善知惡」「即寂即感」「即是未發之中，即是發而中節」的良知，自可依於此知而行，以成己成物，此即所謂致知以格物（正物）。陽明之講說既詳且備，

㉓ 見《明儒學案》卷十八，〈念菴學案：甲寅夏遊記〉。

何得忽略而生此誤解？聶羅二人的講法，把陽明之良知弄得七零八落，面目全非，而最後卻又跳不出陽明之藩籬。故牟先生說他二人是「亂動手腳，空勞擾攘」㉔。

㉔ 見牟先生〈王學的分化與發展〉。又雙江念菴不認先天現成之良知，下第八章將再論及，茲不贅。

第六章　工夫指點的意義

陽明講學的宗旨是「致良知」。致良知不是一句言談，亦不是一種論說，而是真切的道德實踐工夫。要指點這種道德實踐的工夫，一方面必須「隨機」，這是因人因時而可以不同的。但另一方面，這種指點亦自有它一定的「義法」，與一定的規矩入路。這個義法與入路，在隨機指點之時，亦仍然不可背違而必須遵循。本章擬將陽明書中有關工夫指點的重要記述，舉出來略作疏解。

儒家的義理思想，總是落實在道德實踐上，以成德性成人格為本旨；因而亦常常直探心性之源，而有其奧旨微義。宋明儒之所以注重講習，注重工夫指點，正是由於這些道理，必須在師友的親炙薰習之中，才更能貼切而不走作，才更能真實受用。這是「生命的學問」，不是單純的讀書講文或解釋字義之事，書講錯了，字義解釋錯了，改正一下即可；而在生命的學問中，若有走作，有乖舛，那就是德性生命生死交關的事。所以陸象山常說「這裡是刀鋸鼎鑊的學問」❶。不但差之毫釐，謬以千里，而且會誤妄一生的。陽明之學，風行天下，而弊亦隨之。何以正學而會有弊？弟子後學不善紹述而已。劉蕺山❷云：

今天下爭言良知矣。及其弊也，猖狂者參之以情識，而一是皆良；超潔者蕩之以玄虛，而夷良於賊。（〈證學雜解〉中語。）

蕺山的批評是很深微的。對於良知與情識如不嚴加分辨，而一任自然情識隨時鼓蕩，則將流入「情識而肆」而誤認情識為良知。泰州派下所表現的，便是這一面的弊病。從另一面順著王龍溪之風而趨者，即所謂「超潔者蕩之以玄虛，而夷良於賊」。把不

❶ 見《陸象山全書》卷三十五，〈語錄〉。

❷ 劉蕺山乃黃梨洲之師，名宗周，字念臺，浙江山陰人，為宋明理學之殿軍。其學主誠意慎獨，嚴分意與念，攝良知於意根（知藏於意），而歸顯於密。分別心宗與性宗，盛言「以心著性」之義。

住良知的宗旨，流於「虛玄而蕩」，終於與佛老無別，這就是「夷良於賊」。蕺山甚至批評龍溪：「任一點虛靈知覺之氣，縱橫自在，頭頭是顯，不離著於一處，幾何而不蹈佛氏之坑塹也哉？」❸以虛靈明覺義言良知，亦並不錯，龍溪言虛靈明覺，亦並未否定良知之天理義。但重於彼而輕於此，則不免滋生流弊。講這種學問，一有疏忽而失其肯要，即馬上岔入歧途，而不免有千里之謬。所以陽明總說「良知之天理」。心之為心或良知之為良知，在明覺，亦在天理；明覺與天理合一，方是本心，方是良知。一旦天理義把不緊，便必然流入「虛玄而蕩」❹。可見致良知之教

---

❸ 見《明儒學案》卷首，〈師說〉。按：蕺山之評，下語甚重。龍溪雖不免有蕩越之病，然謂其「蹈佛氏之坑塹」，則未諦。

❹ 按：龍溪天泉證道，倡「四無」之說，是以「明覺之感應」說物，陽明於其說亦首肯之。但龍溪以四無為先天之學，為頓悟；以四句教為後天之學，為漸教，為權法，此則不妥。龍溪穎悟高，似乎把先天之學看得太容易，而又忽略「致良知」之先天義，故不免有蕩越之病，立言亦不免有疏闊之處。惟龍溪於陽明之思路，實甚精熟，為王門諸子所不及。若去其蕩越疏忽不諦之處，則其四無、失天之學，亦是良知教之調適上遂，不可誣也。（關此，請參看下第七章。）然末流順龍溪之風而趨者，既無龍溪之聰明穎悟，又未親炙於陽明，於陽明之思路把握不真切；故末流之弊，亦確有「蕩之以玄虛，而夷良於賊」

是絕對不能視為言談而徒然騰為口說的。陽明常有「這一點真骨血」之類的話，這表示良知之學自有精神血脈之真切處。我在此先引蕺山的話以說明王門後學講良知的二大流弊，意在反顯「工夫指點」之重要而不可忽。以下試分四節加以說明。

第一節　克己與為己之心

《傳習錄》上載：

蕭惠問：「己私難克，奈何？」先生曰：「將汝私來替汝克。」又曰：「人須有為己之心，方能克己；能克己方能成己。」惠曰：「惠亦頗有為己之心，不知緣何不能克己？」先生曰：「且說汝有為己之心是如何？」惠良久曰：「惠亦一心要做好人，便自謂頗有為己之心。今思之，看來亦只是為得個軀殼的己，不曾為個真己。」先生曰：「真己何曾離著軀殼？恐汝連那軀殼的己亦不曾為！且道汝所謂軀殼的己，

之病耳。然虛玄而蕩乃是「人病」（情識而肆亦然），而非「法病」。後人以王學下之人病，而妄議陽明良知之學，則過在後人，亦何傷於陽明乎？

豈不是耳目口鼻四肢？」惠曰：「正是為此。目便要色，耳便要聲，口便要味，四肢便要逸樂，所以不能克。」

先生曰：「美色令人目盲，美聲令人耳聾，美味令人口爽，馳騁田獵令人發狂；這都是害汝耳目口鼻四肢的，豈得是為汝耳目口鼻四肢！若為著耳目口鼻四肢時，便須思量耳如何聽，目如何視，口如何言，四肢如何動；必須非禮勿視聽言動，方才成得個耳目口鼻四肢，這個才是為著耳目口鼻四肢。汝今終日向外馳求，為名為利，這都是為著軀殼外面的物事。汝若為耳目口鼻四肢，要非禮勿視聽言動時，豈是汝之耳目口鼻四肢自能勿視聽言動？須由汝心。這視聽言動皆是汝心：汝心之視，發竅於目，汝心之聽，發竅於耳；汝心之言，發竅於口；汝心之動，發竅於四肢。若無汝心，便無耳目口鼻。所謂汝心，亦不專是那一團血肉；若是那一團血肉，如今已死的人，那一團血肉還在，緣何不能視聽言動？所謂汝心，卻是那能視聽言動的，這個便是性，便是天理。有這個性，才能生這性之生理，便謂之仁。這性之生理，發在目便會視，發在耳便會聽，發在口便會言，發在四肢便會動，都只是那天理發生。以其主宰一身，故謂之心。這心之本體，原只是個天理，原無非禮，這個便是汝之真己。這個真己是軀殼的主宰，若無真己，便無軀殼；真是有之即生，無之即死。汝若真為那個軀殼的己，必須用著這個真己。便須常常保守這個真己的本體；戒慎不睹，恐懼不聞，惟恐虧損了他一些。才有一毫非禮萌動，便如刀割，如針刺，忍耐不過；必須去了刀，拔了針。這才是有為己之心，方能克己。汝今是認賊作子，緣何卻說有為己之心而不能克己？」

這一段話醒豁極了，真切極了，真能說得頑石亦點頭。整段記述，如分別言之，含有下列幾層意思：

㈠「克己」，「克」那個「己」？
㈡「為己之心」，「為」那個「己」？
㈢「軀殼的己」與「真己」之分別，以及二者之關係。
㈣怎樣是「為軀殼的己」，怎樣是「為真己」？

「克己」是克軀殼的己，軀殼的己即是「身」；「為己」是為真己，真己即是「心」。但這只是方便說，不是究竟義。真正說來，「身」與「心」並非截然分開而兩相對立之二物，所以說「真己何曾離著軀殼」？所謂「克己」亦並非不讓耳目口鼻四肢去視、聽、言、動，而是不可「隨軀殼起念」而欲視美色，欲聽美聲，欲嘗美味，欲享逸樂；因為這樣，便會盲、聾、爽、發狂，而害了耳目口鼻四肢。這是「向外馳求」「認賊作子」，連「為軀殼的己」也說不上。因此，「克己」實即「復禮」，亦即引文中所謂「才有一毫非禮萌動，便如刀割，如針刺，忍耐不過；必須去了刀，拔了針」。人必須「非禮勿視聽言動」，才真能「為那個軀殼的己」。而再深一層說，卻又不是耳目口鼻四肢自己能視聽言動，更不是它自己能視聽言動「以禮」——而是「心」，是那個「真己」。「真己」與「軀殼的己」是主從關係，所以說「真己是軀殼的主宰，若無真己，便無軀殼；真是有之即生，無之即死」。沒有真己作主宰，軀殼便只是軀殼，只是個死物。反之，有真己作主宰，軀殼便不只是軀殼，而是真己的具體顯現：視聽言動，一循於禮。如此，便「克己」了，亦「為己」了。人常犯一個錯誤，將「身」與「心」分為對立之二物。結果，工夫只落在對付這個「身」。對付不了時，便濫肆橫決，逐物縱欲；即使氣力夠而對付得了，亦只成個槁木死灰。儒家講「克己」並不是這樣的。如《大學》講「誠意」「正心」，豈不正是「修身」工夫？離開了誠意正心，那還有修身工夫可得？我們再細看陽明這段話，真是徹通內外，本末一貫。人如真能「常常保守這個真己的本體」，而慎獨存誠，便是有「為己之心」，便能「克己」，也就能「成己」了。

附識

「為己」「成己」必須通過「為學」。陽明有一段論為學工夫的話，甚為警切，茲錄於此：

「教人為學，不可執一偏。初學時心猿意馬，拴縛不定，其所思慮，多是人欲一邊，故且教之靜坐息思慮。久之，俟其心意稍定，只懸空靜守，如槁木死灰，亦無用，須教他省察克治。省察克治之功則無時而可間，如去盜賊，須有個掃除廓清之意。無事時將好色好貨好名等私逐一追究搜尋出來，定要拔去病根，永不復起，方始為快。常如貓之捕鼠，一眼看著，一耳聽著，纔有一念萌動，即與克去，斬釘截鐵，不可姑容與他方便，不可窩藏，不可放他出路，此方是真實用功，方能掃除廓清。到得無私可克，自有端拱時在。雖曰『何思何慮』❺，非初學時事。初學必須思省察克治，即是思誠，只思一個天理；到得天理純全，便是何思何慮矣。」（《傳習錄》上）

第二節　靜坐與光景

（九川）又問：「靜坐用功，頗覺此心收斂；遇事又斷了，旋起個念頭去事上

---

❺ 關「何思何慮」之義，請參看下第八章第二節。

省察；事過又尋舊功，還覺有內外，打不作一片。」先生曰：「此格物之說未透。心何嘗有內外？即如惟濬❻今在此講論，又豈有一心在內照管？這聽講時專敬，即是那靜坐時心；功夫一貫，何須更起念頭？人須在事上磨練做功夫乃有益。若只好靜，遇事便亂，終無長進。那靜時功夫亦差似收斂，而實放溺也。」（《傳習錄》下）

由靜坐得到的「收斂」，是靠不住的，所以「遇事又斷了」，於是又起個念頭在事上去省察，等事情一過去，卻又要回到靜坐上再求收斂之功。這樣來回照顧，反覆攪擾，如何能內外打作一片？常人總以為靜時的無念是內，動時的起念是外。其實，㈠人那有無念之時？戒慎恐懼即是念，居敬的敬亦是念。戒懼與敬，都是貫於動靜的；誰說靜時便不要戒懼，便不要敬？《中庸》《大學》講「慎獨」，豈不正是靜時的敬與戒懼？人不是死體，當然念不可息，只是「念」要「正」而已。㈡心本無內外，靜亦不是內，動亦不是外，動時靜時的心只是一個。心能作主時，無論在動時或在靜時，都只是那個虛靈明覺、真誠惻怛的心，這才是「功夫一貫」。如此，那有內外？又何分動靜？如果你另外再起一個念頭，想獲得一個「靜」，達到一個「無

❻ 陳九川，字惟濬，號明水，陽明弟子，見《明儒學案》卷十九，屬江右王門。

念」之境，那便是歧出入邪，便是妄念。因此陽明說「何須更起念頭？人須在事上磨練做功夫乃有益。若只好靜，遇事便亂，終無長進。」所以嚴格地講，一味好靜只是一種逃避的自私。試想一個人從立己到立人，成己到成物，從身到家國天下，該有多少事要我們去擔負！如一味好靜，只會消蝕我們的道德感與道德意識，只會萎縮我們的道德勇氣與使命感，又怎能完成人生的責任？縱然一時收攝得了心，亦只是個乾冷晶光的玻璃鏡子而已。而對於人生的責任而言，反而是一種深微的放肆與陷溺。所以陽明又說「那靜時功夫亦差似收斂，而實放溺也」。

《傳習錄》下又有一段話：「動靜只是一個，那三更時分空空靜靜的，只是存此天理，即是如今應事接物的心。如今應事接物的心，亦是循此天理，便是那三更時分空空靜靜的心。故動靜只是一個，分別不得。」無論動時靜時，只是一個停停當當平平順順的工夫，只是「直道而行」。天理是直而無曲的，是活而不息的，順它而行，就不會引生那些曲折的不相應的工夫，亦沒有那些求靜求無念的來往照顧之紛擾。而且「動未嘗不靜，靜未嘗不動」；動時順天理而行，何嘗不靜定？靜時存養天理，又何嘗是枯寂的靜？程明道云：「動亦定，靜亦定，無將迎，無內外。」❼

❼ 語見程明道《定性書》，筆者有〈定性與定心〉一文，刊於《文藝復興月刊》十七期，請

這便是大貞定的工夫。曾子說吾日三省吾身，孟子言集義，《中庸》言誠身明善，《大學》言慎獨，明道說識仁、以誠敬存之，象山說先立其大，以及陽明言致良知，都是孔子所謂「直道而行」的直道工夫。唯直道工夫，方能本末一貫，內而成就「內聖」之德，外而開出「外王」大業。後來受了佛家影響，於是有「靜坐」一途。如作為個人受用，作為某一契機上的一時之權法，自無不可。但靜坐決不是本質的工夫。它是一隔絕的方式，是從外面窒息；不是「敬以直內，義以方外」，從裡面正而開出的直道工夫。

> 一友靜坐有見，馳問先生。答曰：「吾昔居滁時，見諸生多務知解，口耳異同，無益於得，始教之靜坐。一時窺見光景，頗收近效。久之，漸有喜靜厭動，流入枯槁之病；或務為玄解妙覺，動人聽聞。故邇來只說致良知。良知明白，隨你去靜處體悟也好，隨你去事上磨練也好。良知本體原是無動無靜的，此便是學問頭腦。我這個話頭，自滁州到今，亦較過幾番，只是致良知三字無病。」（《傳習錄》下）

參看。又《陽明全書書錄》卷二，〈答倫彥式書〉，論「君子之學無間於動靜」之義，頗為精要，亦宜參看。

先生問在坐諸友，比來工夫如何？一友舉虛明意思，先生曰：此是說光景。一友敘今昔異同，先生曰：此是說效驗。二友惘然，請是。先生曰：「吾輩今日用功，只要為善之心真切。此心真切，見善即遷，有過即改，方是真切工夫。如此則人欲日消，天理日明。若只管求光景，說效驗，卻是助長外馳病痛，不是工夫。」（《傳習錄》上）

這二段都說到「光景」。所謂光景，是在靜坐中出現的一個似是而非的幻影。而這個幻影卻很不容易拆穿。人如以這個幻影為真，遂停在那個幻境中而描畫之、欣趣之，便是「玩弄光景。」❽這是為道之大病痛所在。何以會有光景之出現？這須

---

❽ 按：光景有廣義狹義之別，此所說者是光景之狹義。自曾點下及王門泰州派，乃專喜就平常、自然、灑脫、樂，而言學。此本是就道體流行、良知心體流行而陳說一種境界。此境界至平常而實又極高極不容易，故不宜喧騰多說，多說亦無意思。良知自須在日用間流行，但若無真切工夫以支持之，則此流行便只是一種光景；若懸空去描繪這流行，便是玩弄光景。此是光景之廣義。不能通過真切工夫以使良知真實流行於日用之間，而只靜坐觀心，只懸空去描繪良知心體如何如何，則良知本身亦便成了光景。此是光景之

從靜坐說起。靜坐是澄清一下子，將清明的東西浮上來（清明是就心說）。所以靜坐也即觀心，觀清明之心。觀心是以心為對象，是將心推出去當作一個客體來觀；而其所觀的清明之心，實際上只是心的影子。其實，心永遠為主體而落實，不能作為對象。若將心推出去作客體，則是心以自己觀自己，心自身便起一主客之分裂，即心分裂為觀者與被觀者。觀者這面的動用表現是「智及」，被觀者那面是「智」所「及」的對象，而此被觀之對象實際上並不是心，而是心推出去而為客體所現出的一個虛影，此便是光景。要拆穿光景，必須攝「智」歸「仁」，仁心呈現，虛影消失，心始落實。

換一個方式來說，心——真實的本心，原只是個是非好惡、真誠惻怛；它是通內外，貫動靜，而無物我之分的——故與天地萬物為一體，上下與天地同流。而靜坐者卻要「求無念」（此是靜坐之第一種趨向），要離本心惻怛之仁，要隔離本心是是非非好善惡惡之情，以期趨於乾冷晶光的虛明之境；這個虛明是與真實心隔離（主客分裂）而映現的虛光景，是真實心投射的一個影子（因推出去而為客體、所現出的影子），它是不落實的。這種情形，好像投身於幻像，一旦出離此境，幻像拆穿，

狹義。無論廣義狹義之光景，皆須拆穿。

便立刻歸於茫然；此即所謂不落實，所以全不濟事。有時，靜坐亦彷彿能夠達到靜定之境，但那只是陽明所謂「近人寧靜存心，只定得氣」（此是靜坐之第二種趨向）。而定氣不是定心，要說是定心，亦只是告子克制其心的「不動心」。這好像是按住發條使它不動，一不按住便跳動起來。所以這種假靜定一遇些子事來，便牽滯紛擾，既不能應事接物，更不能經綸宰制，所以也全不濟事。對治這假靜定，只教他存天理，去人欲，以歸於致良知的直道工夫。而要拆穿光景，亦是教他致良知，使他攝智以歸仁，亦即歸於真實之本心，歸於良知之天理。如此，則仁以養智，智成為仁中之智，成為良知天理中之智，而不再是那趨於虛明的孤智。這時，那個虛明的光景，便自然消失而被拆穿了。

陽明經歷千折百難頻臨生死，而有龍場之悟道。這好比大病初愈，元氣未復，不能不珍攝保養，所以居滁之時，便「以默坐澄心為學的」❾。他此時教人靜坐，是主於收斂，旨在涵養省察，隔斷習氣私欲，以恢復本心。他說「窺見光景，頗收近效」，乃是就這個意思上說的。但別人沒有他那番千折百難的踐履求道的經歷，亦沒有他明覺精察、真切篤實的知行工夫，所以一下子便「喜靜厭動，流入枯槁」或

❾《明儒學案》卷十，〈姚江學案〉中語。

「務為玄解妙覺，動人聽聞。」陽明不愧為大賢，他一眼看穿此中病痛，所以後來只從正面立教，本本分分，切切實實，教人作從裡面開而出之的直道工夫——這就是致良知。這才是相應的工夫。靜坐卻不是本質的相應工夫，而光景便是與這不相應的工夫相連出現的。對於這不相應的工夫，必須有一個破工夫的工夫，這是一個超越於不相應的工夫之上的工夫：在禪宗是用棒喝的方式，在陽明即是致良知。到此時，再不許你轉念頭；你若再轉念頭而歧繞出去，還只是就你本有的良知來指點，教你順此良知開而出之。你若真能如此從裡面開而出之，自然「見善即遷，有過即改」，「人欲日消，天理日明」，這方是「真切工夫」。

第三節　居敬、窮理、盡性

梁日孚問：「居敬窮理是兩事，先生以為一事，如何？」先生曰：「天地間只有一事，安有兩事？若謂萬殊，禮儀三百，威儀三千，又何止兩？公且道居敬是如何？窮理是如何？」曰：「居敬是存養工夫，窮理是窮事物之理。」曰：「存養個甚？」曰：「是存養此心之天理。」曰：「如此亦只是窮理矣。且道如何是窮事物之理？」曰：「如事親便要窮孝之理，事君便要窮忠之理。」曰：「忠與孝之理在君親身上？在自己心上？若在自己心上，亦只是窮此心之理矣。且道如何是敬？」曰：「只是主一。」曰：「如何是主一？」曰：「如讀書，便一心在讀書上，接事便一心在接事上。」曰：「如此，則飲酒便一心在飲酒上，好色便一心在好色上，卻是逐物，成甚居敬工夫？」

日孚請問。先生曰：「一者，天理。主一，是一心在天理上。若只知主一，不知一即天理，有事時便是逐物，無事時便是著空。惟其有事無事，一心皆在天理上用功，所以居敬亦即是窮理。就窮理專一處說，便謂之居敬；就居敬精密處說，便謂之窮理。卻不是居敬時別有個心窮理，窮理時別有個心居敬；名雖不同，功夫只是一事。就如《易》言：『敬以直內，義以方外。』敬即是無事時義，義即是有事時敬，兩句合說一件。如孔子言修己以敬，即不須言義。孟子言集義，即不須言敬。會得時，橫說豎說，工夫總是一般；若泥義逐句，不識本領，即支離決裂，工夫都無下落。」

問：「窮理何以即是盡性？」先生曰：「心之體，性也，性即理也。窮仁之理，真要仁極仁；窮義之理，真要義極義。仁義只是吾性，故窮理即是盡性。如孟子說充其惻隱之心，則仁不可勝用。這便是窮理工夫。」日孚曰：「先儒謂一草一木亦皆有理，不可不察，如何？」先生曰：「夫我則不暇。公且先去理會自己性情，須能盡人之性，然後能盡物之性。」日孚悚然有悟。

（《傳習錄》上）

按：問者以居敬與窮理是兩事，認為「居敬」是存養工夫，存養是存養此心之天理；又說「敬」只是主一。而「窮理」則是窮事物之理，如事親便窮孝之理，事君便窮忠之理。陽明指點他：忠孝之理正在自己心上，並不是在君親身上（君親只是吾人盡忠盡孝的對象）。所以窮忠孝之理，即是窮此心之理；此與居敬是存養此心之天理，正是二而一之事。而「主一」亦不是說做某事便一心在某事上——一心在讀書上、在接事上，說起來似乎並不錯，但問題是在主一的「一」是何意指？若泛泛只是個「專一」之意，則世間事物紛陳，皆須應接，於是此事來便一心在此事上，彼事來便一心在彼事上，這樣隨著事物團團轉，便難免如陽明所說：「如此，則飲酒便一心在飲酒上？好色便一心在好色上？卻是逐物！成甚居敬工夫？」接著陽明指出：主一之「一」，即是「天理」，主一，是一心在天理上，應事時如此，無事時亦如此，無論有事無事，一心皆在天理上用功。這樣既是居敬，亦是窮理。所以說「居敬亦即是窮理。就窮理專一處說，便謂之居敬；就居敬精密處說，便謂之窮理。」因此，居敬與窮理是一事，不是兩事。若是看做二事時，便是作意分物我內外，分心理為二了。陽明認為「心即理也」，「心外無理」，「心外無物」。吾心之良知即是天理，天理不外吾心，心與理為一，所以心外無理。理為天理，心即為天心（天心亦即道心）。而天心無所不涵蓋，所以心外亦無物。一切事物皆在天心天理之涵蓋成就之中，如沒有天心，沒有天理，則事物將不成其為事物，人亦將不成其為人了。

至於「窮理」又何以即是「盡性」？陽明說：「心之體，性也，性即理也。」性即是理，窮即是盡，故窮理即是盡性，二者名異而實同。譬如仁義，既是性，亦是理，窮仁義之理，即是盡仁義之性。所以陽明〈答顧東橋書〉有云：

仁極仁，而後謂之窮仁之理；義極義，而後謂之窮義之理。仁極仁，則盡仁之性矣；義極義，則盡義之性矣。（《傳習錄》中）

若說「一草一木亦皆有理，不可不察」，此卻是朱子「即物窮理」之說，而陽明認為這是「析心與理而為二」，是「務外而遺內」。二家之異，最吃緊的關鍵是在「格物」義。在陽明，一切工夫總歸於「致知」，致知是致吾心良知之天理於事事物物，以成事成物；知既致則物亦格，是以在「格物」這裡，並沒有離致知而獨立的另一套工夫。（請參看上第二章第三節後段。）因為陽明的格物，實只是本良知天理以成用（使事事物物皆得其理、皆得其正），與成己成物「各正性命」之義相通。所以陽明的格物義是形上學的，不是認識論的。（他所謂心與理一，心外無理，心外無物，亦都是形上的命題。）而朱子的格物，則可引出認識義。他說：「所謂致知在格物者，言欲致吾之知，在即物而窮其理也……即凡天下之物，莫不因其已知之理而益窮之，以求至乎其極……則眾物之表裡精粗無不到，吾心之全體大用無不明矣。」❿在此「即物窮理」的格物義上，則正有工夫可言，而且煞有事情做。但這樣的格物，卻是與成聖成賢的工夫兩不相應的。所以陽明說「縱格得草木來，如何反來誠得自家意？」⓫格草木之理既與誠意工夫沒有本質的相干，亦即與成德性成人格不相干。故曰：「夫我則不暇！公且先去理會自己性情。須能盡人之性，然後能盡物之性。」

❿ 語見朱子《大學章句・格物補傳》。

⓫ 見《傳習錄》下。

居敬、窮理是一事，窮理、盡性是一事，總括起來只是「致良知」。居敬是存養此心之天理，敬是主一，主一是一心在天理上；窮理是窮吾心之天理；盡性亦只是盡我心性中本有之天理而已。而「良知」即是吾心之天理；「致」是推擴，亦即充盡之意。窮理之窮，盡性之盡，與致良知之致，義皆相通。所以說，總括起來只是致良知。

第四節 集義、致良知

陽明〈答聶文蔚〉云：

近歲來山中講學者，往往多說勿忘勿助工夫甚難。問之，則云才著意便是助，才不著意便是忘，所以甚難。區區因問之云：「忘是忘個什麼？助是助個什麼？」其人默然無對，始請問。區區因與說：「我此間講學，卻只說個必有事焉，不說勿忘勿助。必有事焉者，只是時時去集義。若時時去用必有事焉的工夫，而或有時間斷，便是忘了，即須勿忘。時時去用必有事焉的工夫，而或有時欲速求效，此便是助了，即須勿助。其工夫全在必有事上用。勿忘勿助只就其間提撕警覺而已。若是工夫原不間斷，即不須更說勿忘；原不欲速求效，即不須更說勿助。此其工夫何等明白簡易，何等灑脫自在！今卻不去必有事上用功，而乃懸空守著一個勿忘勿助，此正如燒鍋煮飯，鍋內不曾漬水下米，而乃專去添柴放火，不知煮出個什麼物來。吾恐火候未及調停，而鍋已先破裂矣。近日一種專在勿忘勿助上用功者，其病正是如此！終日懸空去做個勿忘，又懸空去做個勿助，茫茫蕩蕩，全無實落下手處。究竟只做得個沉空守寂，學成一個癡騃漢；才遇些子事來，即便牽滯紛擾，不復能經綸宰制，此皆有志之士，而乃使之勞苦纏縛，擔閣一生，皆由學術誤人之故。甚可憫矣。」（《傳習錄》中）

按：《孟子．公孫丑上》云：「必有事焉，而勿正；心勿忘，勿助長也。」必有事焉之「事」，是指「集義」。集義工夫或有時間斷，即須「勿忘」；或有時欲速求效（勿正之正，即是預期效果），即須「勿助長」。勿忘勿助都是消極面的警戒之言，正面的積極工夫，只在「必有事焉」，只在「集義」。所以陽明說「我此間講學，卻只說個必有事焉，不說勿忘勿助」。因為懸空守著個「勿忘勿助」，茫茫蕩蕩，全不落實，只是從外面把持，所以會有「才著意便是助，才不著意便是忘」之病。陽明教人「時時去用必有事焉的工夫」，「時時去集義」，是要人從外面向內轉，從內在的心開出真實的工夫。心本「常惺惺」，果能工夫「不間斷」，「不欲速求效」，便不須更說「勿忘」「勿助」，所以說「此其工夫何等明白簡易，何等灑脫自在！」陽明又云：

夫必有事焉，只是集義，集義只是致良知。說集義，則一時未見頭腦。說致良知，即當下便有實地步可用功。故區區專說致良知。隨時就事上致其良知，便是格物；著實去致良知，便是誠意；著實致其良知，而無一毫意、必、固、我，便是正心。著實致良知，則自無忘之病；無一毫意、必、固、我，則自無助之病。故說格致誠正，則不必更說個忘助。(同上)

陽明所謂「必有事焉」只是「集義」，這亦本是孟子之意。因為孟子說必有事焉原就是順著集義說下來的。孟子認為「仁義內在」，所以「集義」只是表現內心本有之義而已。表現內心之義當然不能一曝十寒，因此，縱貫地說，集義是不間斷的，並非偶一為之，故曰「必有事焉」；內在地說，集義是表現內心本有之義，故曰「非義襲而取之也」。（告子「義外」，即是向外襲取，故孟子闢之。）總之，所謂集義，乃是「隨時表現內心之義」，以為其所當為之事。這與本乎良知之明以好善惡惡，以應萬事萬變，同樣都是孟子所謂「由仁義行」。所以陽明便進一步說「集義只是致良知」。陽明致良知之教，既真切落實，又圓融周密。他以「致良知」解大學之「致知」，故能將「格、致、誠、正」，一起貫通串連起來，而最後的真切工夫則只是一個致良知。他說：

蓋良知只是一個天理自然明覺發見處，只是一個真誠惻怛，便是他本體。故致此良知之真誠惻怛以事親，便是孝；致此良知之真誠惻怛以從兄，便是弟；致此良知之真誠惻怛以事君，便是忠。只是一個良知，一個真誠惻怛。（同上）

良知即天理，只是一個好善惡惡，只是一個真誠惻怛。隨著這一念良知，便致此良知之天理於事事物物，則事事物物皆得其理，皆得其正。「使人於事君、處友、仁民、愛物，與凡動靜語默之間，皆只是致他那一念事親從兄、真誠惻怛的良知，則自然無不是道。」（亦〈答聶文蔚〉中語）所以當有人以為童子不能格物，只須教以灑掃應對，陽明便說：「灑掃應對亦是格物。童子良知只到此，便教去灑掃應對，就是致他那一點良知了。又如童子畏先生長者，此亦是他良知處，故雖嬉戲中見了先生長者，便去作揖恭敬；就是他能致其敬師長之良知了。童子自有童子的格物致知。」又曰：「我這裡言格物，自童子以至聖人，皆是此等工夫。但聖人格物，便更熟得些子，不消費力。如此格物，便賣柴人亦做得。雖公卿大夫以至天子，皆是如此做。」⑫

而且，致良知是工夫的起點，亦是工夫的終點。「今日良知見在如此，只隨今日所知擴充到底；明日良知又有開悟，便從明日所知擴充到底。」⑬除此，再無別的工夫。

一友問工夫不切。先生曰：「學問工夫，我曾一句道盡，如何今日轉說轉遠，都不著根？」對曰：「致良知蓋聞教矣。然亦須講明。」先生曰：「既知致良知，

---

⑫ 同上。

⑬ 同上。

又何可講明？良知本是明白，實落用功便是。不肯用功，只在語言上，轉說轉糊塗。」曰：「正求講明致之功。」先生曰：「此亦須自家求，我亦無別法可道。昔有禪師，人來問法，只把麈尾提起。一日其徒將麈尾藏過，試他如何設法；禪師尋麈尾不見，又只空手提起。我這個良知，就是設法的麈尾；舍了這個，有何可提得？」少間，又一友請問功夫切要，先生旁顧曰：「我麈尾安在？」一時在座者皆躍然。

良知天生現成，就在各人心中，只要隨時隨事致此良知，自然一切平平順順，中節中理。今既已知聞「致良知」之教，卻不即時隨事實落用功，去致自家本有的良知，而又欲別求一個工夫切要，別求一個「致之」之功，這便是節外生枝，無端生起的雜念；縱然亦能說出一些言語話頭，總都是不相應的工夫。對於這不相應的工夫，必須對治而加以破斥，而致良知就是對治這些不相應之工夫的、那個超越的相應的工夫，亦即從裡面開而出之的直道而行的工夫。這是最切要的，亦是最後的。所以陽明指點工夫，雖然隨機接引，言不盡同，而萬脈結穴，最後必歸於「致良知」。——至於麈尾的引喻，不過借以表示：我除了「致良知」，再無學問工夫可說而已。

第七章　四句教與天泉證道

第一節　天泉橋上一夕話

陽明晚年有二位大弟子，一是錢德洪（緒山），一是王汝中（龍溪）。在陽明五十六歲出發征思田的前夕，他們二人對陽明接引學者的教言，發生了論辯，於是一同請問於陽明。這一夕話，後來成為王門義理論爭的大題目。本章將順其原始文獻作一疏導。

《傳習錄》下載：

丁亥年九月，先生起復征思田，將命行時，德洪與汝中論學。汝中舉先生教言曰：「無善無惡是心之體，有善有惡是意之動，知善知惡是良知，為善去惡是格物。」德洪曰：「此意如何？」汝中曰：「此恐未是究竟話頭。若說心體無善無惡，意亦是無善無惡的意，知亦是無善無惡的知，物亦是無善無惡的物矣。若說意有善惡，畢竟心體有善惡在。」德洪曰：「心體是天命之性，原是無善無惡的。但人有習心，意念上見有善惡在。格致誠正修，此正是復那性體功夫。若（意）原無善惡，功夫亦不消說矣。」

是夕，侍坐天泉橋，各舉請正。

先生曰：「我今將行，正要你們來講破此意。二君之見，正好相資為用，不可各執一邊。我這裡接人，原有此二種。利根之人，直從本源上悟入。人心本體原是明瑩無滯的，原是個未發之中。利根之人，一悟本體即是功夫，人己內外一齊俱透了。其次，不免有習心在；本體受蔽，故且教在意念上實落為善去惡。功夫熟後，渣滓去得盡時，本體亦明盡了。汝中之見，是我這裡接利根人的；德洪之見，是我這裡為其次立法的。二君相取為用，則中人上下，皆可引入於道。若各執一邊，眼前便有失人，便於道體上各有未盡。」

既而曰：「以後與朋友講學，切不可失了我的宗旨：無善無惡是心之體，有善有惡是意之動，知善知惡的是良知，為善去惡是格物。只依我這個話頭，隨人指點，自沒病痛。此原是徹上徹下功夫。利根之人，世亦難遇。本體功夫，一悟全透，此顏子明道所不敢承當，豈可輕易望人！人有習心，不教他在良知上實用為善去惡功夫，只去懸空想個本體，一切事為，俱不著實，不過養成一個虛寂。此個病痛，不是小小，不可不早說破。」是日，德洪汝中俱有省。

《年譜》五十六歲下亦記載此事，其措辭與《傳習錄》略有異同，現亦錄於此，俾學者得以窺其全，且便於參較而觀：

是月初八日，德洪與畿（汝中）訪張元沖❶於舟中，因論為學宗旨。畿曰：「先生說知善知惡是良知，為善去惡是格物。此恐未是究竟話頭。」德洪曰：「如何？」畿曰：「心體既是無善無惡，意亦是無善無惡，知亦是無善無惡，物亦是無善無惡。若說意有善惡，畢竟心亦未是無善無惡。」德洪曰：「心體原來無善無惡。今習染

❶ 張元沖，字叔謙，號浮峰，屬浙中王門，見《明儒學案》卷十四。

既久，覺心體上見有善惡在；為善去惡，正是復那本體之功夫。若見得本體如此，只說無功夫可用，恐只是見耳。」畿曰：「明日先生啟行，晚可同進請問。」

是日夜分，客始散，先生入內。聞德洪與畿候立庭下，先生復出，使移席天泉橋上。德洪舉與畿論辯請問。先生喜曰：「正要二君有此一問。我今將行，朋友中更無有論及此者。二君之見，正好相取，不可相病。汝中須用德洪功夫，德洪須透汝中本體。二君相取為益，吾學更無遺矣。」

德洪請問。先生曰：「有，只是你自有。良知本體原來無有。本體只是太虛，太虛之中，日月星辰，風雨露雷，陰霾曀氣，何物不有？而又何一物得為太虛之障？人心本體亦復如是。太虛無形，一過而化，亦何費纖毫氣力？德洪功夫須要如此，便是合得本體功夫。」

畿請問。先生曰：「汝中見得此意，只好默默自修，不可執以接人。上根之人，世亦難遇。一悟本體即見功夫，物我內外一齊盡透，此顏子明道不敢承當，豈可輕易望人？二君以後與學者言，務要依我四句宗旨：無善無惡是心之體，有善有惡是意之動，知善知惡是良知，為善去惡是格物。以此自修，直躋聖位。以此接人，更無差失。」

畿曰：「本體透後，於此四句宗旨何如？」（觀此，龍溪似乎總以此四句不是究竟話頭。）先生曰：「此是徹上徹下語。自初學以至聖人，只此功夫。初學用此，循循有入；雖至聖人，窮究無盡。堯舜精一功夫，亦只如此。」

先生又重囑付曰：「二君以後再不可更此四句宗旨。此四句，中人上下無不接著。我年來立教，亦更幾番，今始立此四句。人心自有知識以來，已為習俗所染。今不教他在良知上實用為善去惡功夫，只去懸空想個本體，一切事為，俱不著實。此病痛不是小小，不可不早說破。」

這天泉橋上一夕話，關係王學義理甚大，亦引起很大的誤解與爭論。陽明四句教言，簡稱「四有」；龍溪的說法，則簡稱「四無」。龍溪心思靈活，在此確顯出他過人的穎悟，他自己亦以此為得意之筆，所以《王龍溪語錄》卷一頭一篇，便是〈天泉證道記〉。「四有」與「四無」畢竟表示什麼意義？「四無」之說法與陽明良知教義有無抵觸？二者能相會通否？下文即依次加以討論。

第二節　四句教釋義

無善無惡心之體　有善有惡意之動
知善知惡是良知　為善去惡是格物

陽明這四句教言，是先開「心、意、知、物」四面，以揭示一德性實踐的內在義路。

第一句「無善無惡心之體」：這是歷來引起誤會與爭議的所在。東林學派顧憲成辯之尤力，以為「壞天下之法，自斯言始」。直到黃梨洲撰《明儒學案》，還特為調解，說陽明「所謂無善無惡者，無善念惡念耳，非謂性無善惡也。」❷梨洲又云：

〈東廓〉先生《青原贈處》記陽明赴兩廣，錢王二子各言所學。緒山曰：至善無惡者心，有善有惡者意，知善知惡是良知，為善去惡是格物。龍溪曰：心無善而

❷ 見《明儒學案》卷五十八，〈東林學案一〉，〈顧涇陽學案〉。

無惡，意無善而無惡，知無善而無惡，物無善而無惡。陽明笑曰：洪甫須識汝中本體，汝中須用洪甫工夫。——此與天泉證道同一事，而言之不同如此。蕺山先師嘗疑陽明天泉之言與平時不同。平時每言至善是心之本體。又曰至善只是盡乎天理之極，而無一毫人欲之私。又曰良知即天理。《錄》中言天理二字，不一而足。有時說無善無惡者理之靜，未嘗徑說無善無惡者是心體。今觀（東廓）先生所記，仍是以至善無惡為心，即四有四句，亦是緒山之言，非陽明立以為教法也。今據天泉所記，以無善無惡議陽明者，盍亦有考於（東廓）先生之所記乎！❸

按：顧憲成之說，當然是誤解。黃梨洲以為陽明所謂「無善無惡」是說無善念惡念，並不是說性無善惡；這個疏解亦說得欠分明。劉蕺山（宗周）以四句教與陽明平日之言不同，而疑四句蓋緒山之言而不出於陽明。其實，即使這四句話是緒山綜括而成，亦並不背於陽明之意旨，而且陽明亦已明白首肯，所以《傳習錄》與《年譜》以及〈天泉證道記〉記載此事時，皆直說是陽明之教言。因此，蕺山之疑亦未諦。至於鄒東廓《青原贈處》所記首句為「至善無惡者心」，字面上與「無善無惡心之

❸ 見《明儒學案》卷十六，〈鄒東廓學案〉。

體」句雖有不同，但如通澈陽明良知教之奧義來看，則二句所指述之義旨，實不相違。所謂「無善無惡心之體」，是先抽象地陳述一個潛隱自存的本體，這個本體（是心體，亦是性體）是道德之根、價值之源，這當然是純粹至善的。但何以又說「無善無惡」？因為：

㈠這心體乃是「理」，不是「事」。事有相，而理沒有相，理自無不善，但卻無有善相可見。所以陽明又說：「無善無惡者理之靜，有善有惡者氣之動。不動於氣，即無善無惡，是謂至善。」❹至善之心體無善惡之相可見，故曰「無善無惡」。

㈡說「無善無惡心之體」，與告子所謂「性無善無不善」並不相同，二者不可混視。無善無惡的「無」，意在遮撥善惡相對的對待相，以指出這潛隱自存的心體不落於善惡對立之境，藉以凸顯其超越性、尊嚴性、與純善性。

㈢這純善的心體，是未經分劃的那個本源的原始之絕對（絕對善，善本身）。究極地說，它是不能用任何名相（善與惡皆是名相）加以指述的。一用名相指述，便限定了它，它便成為相對的，而不是超越的絕對的本體了。

性體是超越的絕對，無善惡之對待。此義，胡五峰在其《知言》書中已先說到。他

❹見《傳習錄》上，薛侃所記。

說：「善不足以言之，況惡乎哉？」」又說：「孟子之道性善，嘆美之辭，不與惡對也。」❺朱子不了解五峰之思路，作「知言疑義」八端以致疑，而誤以為五峰主張「性無善惡」；正是由於他未能虛心會解五峰「性不可以善惡言」之實意，而對「性體至善，超善惡相」之義，沒有相應的了解之故❻。顧憲成之誤解陽明，亦是由於對「心體至善，超善惡相」之義沒有相應的契會，其情形蓋與朱子之誤解五峰相同。

第二句「有善有惡意之動」：依陽明，意是心之所發，心體沒有善惡相，到意念發動便有善惡之分。因為心之發動為意念，往往是牽連於軀殼（氣質欲望）而分化：順軀殼起念為「惡」，不順軀殼起念則為「善」。前者是心體受了氣質欲念之阻隔陷溺而被歪曲，後者則是心體從氣質欲念之陷溺蒙蔽中躍起來，而如其本性以呈現。意之動既有善惡之分，故工夫唯在心之發動處著力。按：「意之動」有善有惡，而「動於意」則無論善念惡念皆將成為惡的，因為「意之動」是直接從心體發，可說是第一序的意；而「動於意」則是間接的，是順第一序的意又返回來而多起了一

❺ 見《宋元學案》卷四十二，〈五峰學案〉。

❻ 按：胡五峰之學，筆者有〈南宋胡氏家學與湖湘學統〉與〈胡子知言大義述評〉兩文，刊於《孔孟學報》二十一期與二十七期。

層念，在這第二層的念中，便有利害計較與意見習氣夾雜進去，所以無論善念惡念，一齊皆壞。後來劉蕺山嚴辨「意」與「念」，即以此故。又，「氣之動」與「動於氣」的分別，義亦同此。

第三句「知善知惡是良知」：陽明〈大學古本序〉有云：「至善也者，心之本體也。動而後有不善，而本體之知，未嘗不知也。」本體之知即是良知。心意發動處的善惡，只有自己的良知知之，此乃「人所不知而己所獨知」者。良知何以能知此發動處的善惡？因為良知乃是超越而照臨於經驗的善念惡念之上的天理；意有善與惡之兩歧，而照臨此意的良知即是絕對的純一。良知明覺神感神應，它自能知善知惡，知是知非，這是瞞不過的。所謂「致良知」，即是把這照臨於經驗的善念惡念之上的「知」擴充出來，以是是而非非、善善而惡惡，使心之所發的意念只有善而無惡，使惡念在良知之「致」中隨時消化於無形。

第四句「為善去惡是格物」：依陽明，「意之所在便是物」❼。物，即是意念之內容。意念之內容，亦即一一之行為或一件件之事。吾心之良知不但知善知惡，而且好善惡惡；由好善而為善，由惡惡而去惡，即是致知以格物。格者，正也。格物，

❼ 見《傳習錄》上。

即是正意之所在的物，以使意念之內容（事事物物），皆在良知天理之鑒照潤澤中表現而為具體的善行與善事。以是，所謂「為善去惡」，即是在致良知中「純化意念」與「純化意念之內容」。自純化意念而言，是誠意；自純化意念之內容而言，則是「格物」❽。

關於陽明四句教的義旨，略如上說。茲再將一二句與三四句列為兩個簡表，以資醒目：

心體無善無惡 { 粹然至善 ／ 超善惡相 } 心之所發：意 { 順心體而呈現：善 ／ 順軀殼而呈現：惡 }

良知 { 知善——好善 ／ 知惡——惡惡 } 致知格物：為善去惡 { 純化意念——誠意 ／ 純化意念之內容——格物 }

至於龍溪「四無」之說，是認為「心體既無善無惡」，則「意亦是無善無惡的

---

❽ 關於「格物」之義，請參看上第二章第三節。

意」，「知亦是無善無惡的知」，「物亦是無善無惡的物」。第一句「心體無善無惡」，是陽明四句教中本有的，此自無問題。第三句說「知亦是無善無惡的知」，亦可容許。因為良知之知善知惡是知「意之動」處的善惡，而良知本體之善並非善惡對待中的善，故可說無善無惡。至於第四句「物亦是無善無惡的物」，似乎不是關鍵所在。因為「物」是「意之所在」，意若順承良知而發為誠意或善意，則意之所在的物，自可超離善惡之對待而亦無善無惡。所以四無之說的關鍵，當在第二句「意亦是無善無惡的意」。陽明四句教謂有善有惡是意之動，而龍溪以為意之動既有善惡，則必牽累到心體亦有善惡，所以說：若意有善惡，畢竟心體還有善惡在。反之，心體既無善無惡，則意亦無善無惡。

龍溪的說法，其實還有未妥貼處：

㈠人不是神，亦不純然是那純善的心體，他還有軀殼（氣質）一面。因此，心之所發的意念，有時雖順承心體而發，有時亦可能為軀殼所牽引，所以在意之動處有善亦有惡。而由心體之至善到意之純善，正有許多工夫在❾。然則，龍溪所謂「若說心體是無善無惡，意亦是無善無惡的意」，便不免言之輕易，而有蹈空不實

---

❾ 如義利、公私、是非、善惡、誠偽……之辨，皆須在「意之動」處著力。

之嫌。

(二)「意」雖有善有惡，但有「良知」一準則冒乎「意」之上以鑒別其為善為惡，則心體便不會隨意之善惡而陷溺，因而得以保住心體之純善。故陽明終必以「致良知」為其講學之宗旨。能充盡吾心良知之天理，則心體之至善，自可不因意分善惡而落於善惡對待之境，而心體之內在的先天的準則性遂得以保住。據此可知，龍溪所謂「若說意有善惡，畢竟心體還有善惡在」，此語實欠諦當。

以上是依據《傳習錄》與《年譜》之記述，略說「四無」之意義及其欠妥當處。但《傳習錄》與《年譜》有關龍溪四無說之記述，皆不如〈天泉證道記〉之詳明。下節即依據龍溪自己所說，再作進一步的解析。

第三節 「四有」與「四無」之會通

《王龍溪語錄》卷一，〈天泉證道記〉云：

陽明夫子之學，以良知為宗。每與門人論學，提四句為教法：無善無惡心之體，有善有惡意之動，知善知惡是良知，為善去惡是格物。學者循此用功，各有所得。緒山錢子謂此是師門教人定本，一毫不可更易。先生謂：夫子立教隨時，謂之權法，未可執定。體用顯微只是一機，心意知物只是一事。若悟得心是無善無惡之心，意即是無善無惡之意，知即是無善無惡之知，物亦是無善無惡之物。蓋無心之心則藏密，無意之意則應圓，無知之知則體寂，無物之物則用神。天命之性粹然至善，神感神應，其機自不容已，無善可名，惡固本無，善亦不可得而有也。是謂無善無惡。若有善有惡，則意動於物，非自然之流行，著於有矣。自性流行者，動而無動；著於有者，動而動也。意是心之所發。若是有善有惡之意，則知與物一齊皆有，心亦不可謂之無矣。……

龍溪認為：若說心體無善無惡，則意、知、物亦無善無惡。反之，若說意有善有惡，則知、物亦一齊皆有，心亦不可謂之無。龍溪之言，是何意指？「意」有善有惡，則意之所在的「物」自亦有善有惡、有正有不正。但我們不能說知善知惡的「良知」與無善無惡是謂至善的「心體」亦有善有惡；若說善的良知與惡的良知，或說善的心體與惡的心體，此則不成話，而將成為良知與至善心體之否定。陽明之意固不如此，龍溪之意亦不如此。因為龍溪明說「天命之性粹然至善，神感神應，其機自不容已，無善可名，惡固本無，善亦不可得而有也。是謂無善無惡。」良知心體即是天命之性，所謂「惡固本無，善亦不可得而有」，即是表示：良知心體無善惡之相可見，不可以善惡來指述。據此可知，所謂「一齊皆有」決不是說良知心體有善有惡。然則「良知」「心體」之為有，與「意」「物」之為有，其含義必有不同。

依牟先生的疏解❿，龍溪所謂一齊皆有的「有」，乃是存有之有，有相之有。「意」與「物」是經驗層上的感性的有，而「心體」「良知」則是超越層上的睿智的有；有之層次雖不同，但都是有。就其為「有」而各顯其為有之「相」：

(一)意之為有，即因其發動有善有惡而顯其為善的意與惡的意之「意相」。

(二)心體之為有，亦是順意之有善有惡而顯其為不同於意的「至善之相」。（《傳習錄》上云：無善無惡，是謂至善。）

(三)良知之為有，是順意之有善有惡而顯其為知善知惡之「知相」。

(四)物是意之所在，故物之為有，是順意之有善有惡而顯其為正的物與不正的物之「物相」。

---

❿ 本節言「四有」與「四無」之會通，義本業師牟宗三先生〈王學的分化與發展〉一文之下篇。見《新亞書院學術年刊》第十四期。

相」。

總之，意之發動既有善有惡，則因「化其不善以歸於善」之對治關係，心、知、物亦隨意之有相而一齊皆有相，故龍溪說四句教為「四有」。

「有」是從存有而有相方面說，「無」則從工夫作用之無相方面說。吾人從事道德實踐，必須朗現良知心體之本性，亦即必須體現那無相的實體性的心。而這體現工夫上的工夫的心，亦必須全如那實體性的心之無相而無相，那實體性的無相心才能全部朗現。這時，工夫的心與實體性的心乃全合而為一，而成為無相心之如如朗現，這就是工夫上作用地無所執無所著的無相之「無」。龍溪所謂無，即是這個意義上的無。故曰：

無心之心則藏密　　無意之意則應圓
無知之知則體寂　　無物之物則用神

若是心有相，則其藏不密；意有相，則其應不圓；知有相，則其體不寂；物有相，則其用不神。龍溪這四句話雖然十分詭密，但亦是就作用之「無相」而說。而此義實亦儒釋道三家所共有者。如禪家言「即心是佛，無心為道」。前句是正面說，是有；後句則是從體現那「即心是佛」之體現上的無相而說，因而亦就是無。程明道云：「天地之常，以其心普萬物而無心；聖人之常，以其情順萬事而無情。」⓫「以其心」是有，「普萬物而無心」，無心於普而自普，則是無。故明道又言：天地無心而成化。必須是這樣的心，才是天地之心，才是無善無惡、超善惡相的至善心體。以上是就「心」與「知」說。若就「意」與「物」說，則須有層次上之轉進：意與物起初有善有惡，但通過致良知，化意歸心，純從知起，則本屬經驗層者即提升而為超越層，如是，則意亦為粹然至善的無相之意。純善之意既如心之無相而無相，則意之所在的物（事），亦無善惡對待之差別相而為至善。——當然，事親從兄還是事親從兄，乃至草木瓦石還是草木瓦石，這仍然是差別，但卻不是有善有惡的差別。這種沒有善惡之差別相的差別之物，乃是如相之物。如相之物，純是良知天理之所貫徹，純是知體著見，純是明覺之感應⓬。龍溪即從這裡說「四無」。

⓫ 按：此為程明道《定性書》中之語。筆者有〈定性與定心〉一文，申述其義，見《文藝復興月刊》十七期。又孔子云：「四時行焉，百物生焉，天何言哉？」實即明道「天地之常，以其心普萬物而無心」一語之依據。

是故，㈠從「意之所在」說物，便須步步對治，而心、意、知、物亦必須分別予以省察與反照——對意與物而言，曰省察；對心與知而言，曰反照。如是，吾人之心境自然落於「有」中，而不能一體而化。此便是「四有」句。㈡若從「明覺之感應」說物，則良知明覺即是心之本體。明覺感應自無不順適；意從知起，自無善惡之兩歧；物循良知之天理而現，自無正與不正之駁雜。如是，明覺無所對治，亦無任何相可著，心、意、知、物一體而化，一切皆是如如呈現。此便是「四無」句⓭。

以上是龍溪倡說「四無」的思路，並不悖於陽明致良知之義理，而且是應有之調適上遂，故陽明亦予首肯。四有與四無，自然是代表兩種方式：四有是經驗的方式，四無是超越的方式。從工夫上說，四有從後天入手，有所對治，亦可說是漸教；

⓬ 按：羅近溪《盱壇直詮》有云：「抬頭舉目，渾全只是知體著見；啟口容聲，纖悉盡是知體發揮。」近溪所言，即是就良知明覺之感應說。明覺感應中之物，是如相之物，不可作現象觀。請參看上第二章第二第四兩節。

⓭ 「四無」，是分別就心、意、知、物四面而說，實則一切皆如如呈現，無任何相可著，故四無實即一無。

四無是從先天入手，無所對治，無有容「漸」之處，因此必須是頓悟。㈠從四有之方式做致良知工夫，致久而純熟，則私欲淨盡，亦可進到四無之境，此即陽明所謂「即工夫即本體」。㈡依四無之方式做工夫，則直悟本體，一悟全悟，良知本體一時頓現，其所感應之事亦一時全現，此即所謂圓頓之教（圓必函頓，頓必函圓），亦即所謂「即本體即工夫」。而本體亦無本體相，工夫亦無工夫相，只是良知心體之「於穆不已」、「純亦不已」⓮。據此解析，四無句固是先天之學，是頓悟；而四有句雖從後天入手，卻不是後天之學；雖因對治而為漸，卻亦不只是漸教，尤其不可視為權法。茲再分三點，作一簡括之說明：

㈠依龍溪〈天泉證道記〉所載，陽明以四無之說乃為上根人立教，四有之說乃為中

⓮ 按：「於穆不已」，見《詩・周頌・維天之命》。於音烏，嘆辭。穆，深遠也。此句乃嘆美天道之深遠奧祕與天命之流行不已。「純亦不已」，見《中庸》二十六章。此句乃嘆美人德之純及其不間斷之道德創造。依儒家性命天道相貫通之義，天道天命亦超越亦內在，心體性體亦內在亦超越，故心、性、天是一。天道生生，人（仁）道亦生生。成己成物，皆是良知天理之貫徹潤化，皆是良知心體之於穆不已、純亦不已。此義，至陸王而尤深切著明。第二章與第八章皆有述及，請參看。

根以下人立教。所謂上下根之分，不只是聰明與否的問題，最重要的關鍵是在氣質私欲。上根之人，合下私欲少，不易為感性所影響，故易於自然地順明覺走。此即孟子所謂：堯舜性之也。中下根之人，則因私欲多，牽累纏結亦多，良知總不容易貫下來，故須依四有句之方式痛下省察反照的工夫。此即孟子所謂：湯武反之也⑮。而事實上，四有句乃是道德實踐之普遍的甚至是必然的方式。所以陽明說：「二君以後與學者言，務要依我四句宗旨」。又諄諄告誡道：「切不可失了我的宗旨」。（見第一節引文）蓋上根之人，世間少有，故四無之說雖可成立，但以之為一種獨立的教法，則不妥。四無是在實踐中所達到的化境，而化境不可以為教法；因為性之之人乃是天縱之聖，對天縱之聖尚有何教法之可言？據此可知，四無之說實不可作一客觀之教法。

(二)四有句以誠意為工夫著落處，是表示「意之動」乃是問題之所在，而解決問題的底據（誠意所以可能的超越根據），則是良知。意之動是後天的，而良知卻是先天的。而且四有句之為漸，亦只是因為有所對治而為漸，但其對治卻不是後天地展轉對治，它有先天的良知（本心）為其對治的超越根據。因而這種漸亦就含有頓

⑮ 孟子二語，見《孟子・盡心上》篇。

之可能，而可以通於頓。未至於頓是漸境，至於頓則是化境。龍溪以四無為先天之學，為頓悟，而以四有為後天之學，為漸教，他的意思似是欲人捨後天而趨先天。這一方面是由於他思之不審，一方面亦是因為他穎悟高，把先天之學看得太容易，故不免有蕩越之病。──按：龍溪言四無（時三十歲），於良知教之先天義不免有忽略。然陽明卒後之二十七年龍溪作〈致知議略〉⓰有云：「良知者本心之明，不由思慮而得，先天之學也。」其後之〈致知議辯〉又云：「夫寂者未發之中，先天之學也。未發之功卻在發上用，先天之功卻在後天上用……舍了誠意，更無正心工夫可用。」此時，龍溪亦說良知為先天之學，又說先天之功在後天上用。因為就道德實踐而言，先天是心，後天是意。意既是後天，自有善有惡，所以必須著工夫。所謂先天之功在後天上用，意即正心工夫只在誠意，「舍了誠意，

⓰《王龍溪語錄》卷六，〈致知議略〉謂：「徐生時舉將督學敬所君之命，奉奠陽明先師遺像於天真，因就予而問學」云云。按《陽明年譜》卷二附錄載：嘉靖三十四年改建天真仰止祠，江右提學副使王宗沐（敬所）訪南康生祠塑師像，遣生員徐應隆（時舉）迎至新祠為有司公祭，下祠塑師燕居像為門人私祭云云。可知〈致知議略〉作於是年，實陽明卒後之二十七年，而龍溪五十八歲。

更無正心工夫可用」。龍溪此處所說，卻正是本於陽明致知誠意格物之義而言之，並無差謬。而說「四無」之時，逕以先天與後天、頓與漸而分判「四無」與「四有」，則是由於思之未審而措辭疏闊之故。

(三)《傳習錄》與《年譜》記陽明之言，皆謂四句教「原是徹上徹下工夫」，而龍溪〈天泉證道記〉則不提此義，因為當時他把四有句視為權法，認為未可執定。實則，四句教並非只是後天的，亦非徹底的漸教；它既有先天義，亦可達到頓時的化境，何得視為權法？而且不承認致良知教則已，要說致良知，便只有在四有句上成立。而在四無句上，本體亦無本體相，工夫亦無工夫相，只是一圓頓化境；既然無所對治，則根本無「致」之工夫可言。所以龍溪之倡說四無，於陽明學中雖非無所本，但要說工夫教法，實只有四有句一套。四有句即是徹上徹下的工夫，而不可視之為權法。故《年譜》記陽明之言曰：「此是徹上徹下語。自初學以至聖人，只此功夫。初學用此，循循有入；雖至聖人，窮究無盡。堯舜精一功夫，亦只如此。」

以上所述，是會通「四有」與「四無」的基本衡定。總之，四有與四無、頓與漸、先天與後天，皆可以說；以四句教為徹上徹下工夫，亦可以說。只要分際弄清楚，這些辭語皆有其諦義。龍溪因思之未審，措辭亦有疏闊不盡而欠諦當處，所以引起爭議⓱。其實他對陽明之思路，比當時王門諸子皆較精熟。陽明所有之主張，

⓱ 按：陽明當時對四有與四無之和會，亦有未盡妥善處。如云「吾教法原有此二種」（〈天泉證道記〉所記語），或云「我這裡接人原有此二種」（《傳習錄》所記語），二語皆以「四無」亦是一種教法，實欠妥。故《年譜》則謂四有句，「中人上下無不接著」，而不說有二種教法。再如「中根以下者未悟本體，未免在有善有惡上立根基，須用為善去惡工夫，以漸復其本體」（見〈天泉證道記〉），此雖龍溪所記，然當時陽明或實有此語。牟先生謂「立根基」當是「立足」之義，實意是說：工夫從「有善有惡之意」上著眼或下手。然直說「在有善有惡上立根基」，終有語病，易滋誤會。又〈王龍溪傳〉有云：「文成至洪都，鄒東廓率同門三百人來謁，請益，文成語之曰：軍旅匆匆，何處說起？吾有向上一機，久未敢發，以待諸君自悟。近被王汝中拈出，亦是天機該發洩（〈天泉證道記〉亦有此語）。」此則未免有張皇之嫌。人興會來時，易好高逞才。陽明征思田，行色匆匆，出發前夕，忽聞門人小子穎悟透宗之言，其欣慰之情可想而見。或因過分高興，遂亦不免著了一分意思，故說出這句話。實則，當致良知教說出之時，天理流行、何思何慮、即本體即工夫諸義，即已含於其中，何至待龍溪說出四無時，方始洩發天機耶？陽明當時是在何種契機上說這些話，說話時之語氣是否同於龍溪傳中之所述，現皆不可知。然既

他皆遵守而不渝，他專主陽明而不參雜宋儒之說，故牟先生認為龍溪實可說是陽明之嫡系。他在四無上把境界推至其究竟處，只要去其蕩越與疏闊不諦之處，則龍溪先天之學，亦是良知教之調適上遂。黃梨洲對龍溪雖有不滿、有誤解，但亦不能不說：「先生親承陽明末命（晚年之教命），其微言往往而在。」又說：「先生疏河導源，於文成之學，固多所發明也。」⓲

有此意，便易使人玄蕩。惟陽明既云四有句是「徹下徹上語」，則仍表示有收煞、定得住。故凡此等記述語，皆應以陽明平素精熟平實之言為準而照察之，使之歸於精當平正，以得其實義。即龍溪之說，亦當通觀彼別處所言者而善加理會。必如此，乃可不生誤解。

⓲ 見《明儒學案》卷十二，〈龍溪學案〉。

第八章　心即理的義蘊與境界

第一節　心即理（良知即天理）的義蘊

「心即理」與「性即理」，是「朱陸異同」最中心的焦點❶。朱子由於對孟子的本心缺乏相應的了解，未能正視本心的道德創生義，故認為心是氣之精爽，是氣之靈❷。心能知覺、有動靜，而所以知覺動靜之理，則是性。心不是性，亦不是理，

---

❶ 朱陸異同，約而言之，可有三端：1.博與約，2.易簡與支離，3.尊德性與道問學。而此三端又實即一「心即理」與「性即理」之問題。

❷ 《朱子語類》卷五，有云：「心者，氣之精爽。」又云：「能覺者，氣之靈也。」按：

而屬於氣；故只言「性即理」，而不言「心即理」。結果是心性二分，心與理亦析而為二。象山則直承孟子而言本心，心即是性；性是理，心亦是理。既言「心即理」，而「性即理」自然含攝在內❸。象山云：

「氣之精爽」一語，本於《左傳》。〈昭公七年〉載鄭子產之言曰：「用物精多則魂魄強，是以有精爽至於神明。」《疏》云：「精亦神也，爽亦明也。精是神之未著，爽是明之未昭，言權勢重，用物多，養此精爽至於神明也。」《左傳》乃言人生前死後之事，朱子則係就此二字以言心。精者粗之反，爽者昧之反，氣之粗者昧者聚而成物形，而氣之精者爽者則顯為心之靈明之用。朱子以「心」屬於氣，而為氣之靈。心之靈明知覺與發用流行，即是心氣之靈之氣化不息。故氣之精靈明爽，簡言之，即是氣之靈也。

❸ 按：陸王言「心即理」，同時亦言「性即理」。惟其言「性即理」與朱子之言「性即理」（性只是理），意指並不盡同。茲以二圖簡示如下：

陸王：

性 ＝ 理
心 ＝ 性
心 ＝ 理

1. 心性不二，心理不二，性理亦不二。
2. 心即是性，性是理，心亦是理。
3. 心、性、理三者，可以畫等號。

朱子：

> 天之所以與我者，即此心也。人皆有是心，心皆具是理，心即理也。〈與李宰書〉

> 今之學者，只用心於枝葉，不求實處。孟子云：盡其心，知其性，知其性，則知天矣。心只是一個，某之心，吾友之心，上而千百載聖賢之心，下而千百載復有聖賢，其心亦只如此。心之體甚大，若能盡我之心，便與天同。為學只是理會心。《語錄》

象山所謂「心即理」的心，是通宇宙人生而為一的。上下千古，東西南北之人，皆同此心，同此理。這「心同理同」的心，是超越時空之限隔的、絕對地普遍的心，故曰「心之體甚大」。蓋本心「含萬德，生萬化」，若能「盡我之心，便與天同」。心與天同，即是心與理一。所謂為學理會「心」，亦即是理會「理」。理由心發。滿心而發，則充塞瀰淪於天地之間的，莫非此心，莫非此理。所以象山說：「萬物森然

性——理（形上） 1.性即理，亦只是理，屬形而上，超越而普遍。

≠ 2.心不是性，亦不是理，而是氣之靈，屬形而下。

心——氣（形下） 3.心性二分，心與理亦析而為二。

於方寸之間，滿心而發，充塞宇宙，無非斯理。」又說：「宇宙便是吾心，吾心即是宇宙。」「宇宙不曾限隔人，人自限隔宇宙耳。」❹我的本心既與宇宙不限隔，所以「宇宙內事，即己分內事；己分內事，即宇宙內事。」❺天地化育萬物，是宇宙內事；相應內在的道德本性而為道德實踐，以成己成物，使萬物各得其所，各遂其生，則是人分內事。二者在內容意義上是同一的。象山又云：

宇宙自有實理。所貴乎學者，為能明此理耳。此理茍明，自有實行，自有實事，德則實德，行則實行。（〈與曾宅之書〉）

象山所說的實理，亦即陽明所謂「良知之天理」。此天所與我、心所本具的理，是有根的，是真實的，故曰「實理」。實理顯發為行為，即是「實行」；表現為人倫日用家國天下之事，即為「實事」；得之於己而凝為孝弟忠信等等，即是「實德」。象山嘗謂天下學問，只有二途：一途議論，一途樸實。他自稱其學為「實學」「樸學」，

❹ 皆見《象山語錄》。

❺ 見《象山全集》卷三十六，〈年譜〉十三歲下引。又見卷二十二，〈雜說〉。

並且說：「千虛不博一實。吾平生學問無他，只是一實。」❻由本心實理流出而為實事實行，此即陸學精神之所在。

陽明繼象山而興起，他四十九歲序《象山文集》，有云：

> 聖人之學，心學也。堯舜禹之相授受曰：人心惟危，道心惟微，惟精惟一，允執厥中。此心學之源也。孔孟之學，惟務求仁，蓋精一之傳也。……析心與理而為二，而精一之學亡。世儒之支離，外索於刑名器數之末，以求明其所謂物理者，而不知吾心即物理，初無假於外也。佛老之空虛，遺棄其人倫事物之常，以求明其所謂吾心者，而不知物理即吾心，不可得而遺也。……象山陸氏，直有以接孟子之傳。……故吾嘗斷陸氏之學，孟氏之學也。

按：「人心惟危」四句，語出《書經．大禹謨》。堯命舜只有「允執厥中」一句，舜推衍為四句以命禹，後世稱為「十六字心傳」。《論語》亦載：「堯曰：咨，爾舜！天之曆數在爾躬，允執其中。四海困窮，天祿永終。舜亦以命禹。」❼可見四句確

---

❻ 見《象山語錄》。

有所本。「人心」與「道心」，實非二心。心之本體純粹至善，便謂之道心；順氣質欲念而發，便謂之人心。陽明嘗言：「人心得其正者即道心，道心失其正者即人心，初非有二心也。程子謂人心即人欲，道心即天理。語若分析，而意實得之。」❽惟精惟一，舊解為「精以察之，一以守之」。所謂察，是察識人心之危；所謂守，是存養道心之微。這是將「精」「一」分別視為察人心、守道心之功夫。而陽明則謂：道心精一之謂仁，所謂中也。故云：「惟一是惟精主意，惟精是惟一功夫，非謂惟精之外復有惟一也……博學審問慎思明辨篤行者，皆所以為惟精而求惟一也。」❾惟精惟一，允執其中。中，即是道心，即是仁，亦即是天理。後世析心與理為二，而精一之學遂亡。所謂心即理的理，即是天理。天理貫於事物，乃有事物之理。如此，則不但天理不外吾心，物理亦不外吾心。世儒外吾心以求所謂事物之理，則此理與身心之學有何相干？所以陽明說：縱格得草木萬物之理明白，又如何反來誠得自家意？至於佛老之言心，大體遺棄「人倫事物之常」，貶斥仁義孝弟之理。殊不知仁義

---

❼ 見《論語・堯曰》篇首章。

❽ 見《傳習錄》上。

❾ 見《傳習錄》上。

孝弟原是心之所以為心的本質，遺棄了仁義孝弟之理，心便只是一個乾冷晶光的物事，那真可說是既空且虛了。陽明推尊象山，以為直承孟子而為心學之傳。而「心，即理也」，所以無論世儒之「外心以求理」，或佛老之「遺理以求心」，皆是析心與理而為二，而不是聖賢相傳的心學。

有人問陽明：看書不能明，如何？他答道：

> 須在心體上用功。凡明不得、行不去，須反在自心上體當，即可通。蓋四書五經，不過說這心體。這心體即所謂道心；體明即是道明，更無二。此是為學頭腦處。

（《傳習錄》上）

四書五經講的是聖賢學問。聖賢學問是「生命的學問」，此屬內容真理。凡內容真理，皆繫屬於一念之覺醒，皆繫屬於心體。離開了心體，便沒有聖賢學問。故陽明直判曰：「四書五經，不過說這心體。」《論語》以「仁」為主，《孟子》以「性善」為主，《中庸》以「誠」「中和」「慎獨」為主，《大學》以「明明德」「誠意」為主。《詩》以「溫柔敦厚」為教，《書》以「百王心法」為教，《易》以「窮神知化」為教，《春秋》以「禮義大宗」為教，《禮》以「親親尊尊」為教。——凡此，皆是屬於內容真理而不能脫離主體者，故陽明以為「不過說這心體」。人若視四書五經為文字書冊，推出去而日事於訓詁考訂，而不能會歸於心體，不能契悟其中的真理，如此，豈得謂之通曉四書五經？象山云：「學苟知本，六經皆我註腳。」❿世儒不明所以，認為這是象山的狂悖之言。其實，象山說的卻是最為平實的話。他只是表示：六經千言萬語，不過為我的本心仁體多方印證而已。由「明心體」以明聖人之道，乃是儒家之通義。明道所謂「學者須先識仁」，象山教學者「辨義利」「先立其大」，以及陽明之「致良知」，全是為學入道的緊切之言，亦正是聖賢之學的血脈門徑。

陽明以「良知」綜括孟子所說的四端之心。故良知之學即是心學。良知心體在種種機緣上，自然而自發地表現為各種不同的天理⓫，以「是是而非非，善善而惡

---

❿ 見《象山語錄》。又陽明〈稽山書院尊經閣記〉有云：「六經非他，吾心之常道也。故《易》也者，志吾心之陰陽消息者也。《書》也者，志吾心之紀綱政事者也。《詩》也者，志吾心之歌詠性情者也。《禮》也者，志吾心之條理節文者也。《樂》也者，志吾心之欣喜和平者也。《春秋》也者，志吾心之誠偽邪正者也。」此亦象山「六經皆我註腳」之意也。

惡」，如此，自能「盡了萬事萬變」。因為世間萬事，歸總而言之，亦不過正其非以成其是，去其惡以成其善而已。而良知心體正是「定是非、知善惡」的準據，亦是成就事物的實現原理。陽明有云：「虛靈不昧，眾理具而萬事出。心外無理，心外無事。」⓬所謂虛靈不昧，即是指心而言。陽明所說的「心」是孟子的本心，亦即天心、道心；他所說的「理」，是吾心應事接物之理，應事接物之理乃是道理，亦即吾心良知之天理。心為天心，理為天理，理由心發，即在心中。眾理具於吾心，故曰「心外無理」。心者，萬事之所由出，故曰「心外無事」。心之所發為意，意之所在為物，物即是事；心外無事，亦即「心外無物」。故陸王之學，實只是「一心之朗現，一心之申展，一心之遍潤」⓭。

據上所述，可知「心即理」「良知即天理」並不是認識論的命題，而是形上學的命題。象山之學，在由本心實理流出而為實事實行。陽明之學，在致吾心良知之天

⓫ 按：如在事親便表現為孝，在從兄便表現為弟，在處友便表現為信。孝弟信等等，便是所謂天理（道德法則）。

⓬ 見《傳習錄》上。

⓭ 此三句乃牟先生語。見《心體與性體》第一冊。

理以正物成物。故曰「致吾心良知之天理於事事物物，則事事物物皆得其理矣。致吾心之良知者，致知也；事事物物皆得其理者，格物也。是合心與理而為一者也。」⓮事事物物皆得其理，即是事事物物皆得其正、皆得其成。一切事物皆在良知天理之潤澤中而得其真實之成就。攝物以歸心，心以宰物、以成物，此便是道德的創生，形上的直貫。所謂「心與理一」「心外無理」「心外無物」，皆須在這個意義上乃能得其了解，這亦就是「心即理」（良知即天理）最中心的義蘊。

第二節　良知現成、何思何慮

孟子說：「人之所不學而能者，其良能也。所不慮而知者，其良知也。」陽明綜括四端之心以言良知（參見上第二章第一節），這個良知當然是「天所與我」、「我固有之」，並且是「人皆有之」而「不異於聖人」的。陽明說：

知（良知）是心之本體。心自然會知：見父自然知孝，見兄自然知弟，見孺子

⓮ 見《傳習錄》中，〈答顧東橋書〉。

入井自然知惻隱，此便是良知，不假外求。（《傳習錄》上）

這自然會知的，即是先天現成的良知。從赤子落地啞啼一聲，便已彰明昭著；自此以後，它無時不存，無處不行。吾心之良知隨時呈現，即將這隨時呈現的良知擴充出來，貫到事物上去，使事事物物皆得其正、皆得其成。這就是致知格物。這當下現前知善知惡知是知非的良知，即是良知本體，即是真良知。所謂「良知現成，當下具足」，並不是說有現成的聖人。即使王門所謂「滿街都是聖人」，亦不是說街上個個都是現成的聖人，而是說：街上人人都有可以為聖人的現成的良知。但良知雖然先天現成，卻有呈現不呈現。已呈現矣，又有能致不能致。致，即是使良知擴充而貫下來之謂。陽明講致良知，便正是從這能否貫下來處以言其致。所以「良知現成」決無可疑，問題只在如何「致」，如何「體現」這現成的良知。

要使這「人所不知而己所獨知」的良知致出來，還是要靠良知本身有不容已地要湧現出來的力量。除此，別無歧繞出去的巧妙方法。靜坐、閉關、致虛守寂，皆可有可無，並非使良知擴充而貫下來的本質工夫。聶雙江認為獨知是良知的萌芽處，是已發，不是未發之寂體；知善知惡之良知，亦是已發，不是良知寂體；皆算不得真良知。關此，已略見上第五章第三節之評述。羅念菴的思路與聶雙江同。他從體現工夫之艱難與無有現成之聖人，而誤以當下呈現的良知本身亦不現成。故亦認為眼前呈現之良知、知善知惡之良知，乃是已發的良知，只是一可良可不良的知覺，而不是真良知；真良知必待修整而後得，而修整之道即在歸寂以求未發之寂體。殊不知良知只可以隱顯說，而不可以已發未發說。若說眼前良知為已發，不足恃，則將永遠無有足恃者。所以王龍溪苦口對他規正，說道：「說世間無有現成良知，非萬死功夫，斷不能生，以此較勘世間虛見附和之輩，未必非對症之藥；若必以現在良知與堯舜不同，必待功夫修整而後得，則未免矯枉之過。」又道：「乍見孺子入井怵惕，未嘗有三念之雜，乃不動於欲之真心，所謂良知也。若於此而不能自信，亦幾於自誣矣。」⓯龍溪所說，皆甚諦當。「不動於欲」之「真心」，即是「真良知」，如何能以「可良可不良」之「知覺」視之？陽明〈答陸原靜第二書〉明說：「性無不善，故知無不良。」（已引見上第五章第三節）念菴何忽視如此？可知他對

⓯ 見《王龍溪語錄》卷二，〈松原晤語〉。按：龍溪所謂「三念之雜」，乃指孟子謂人見孺子入井，皆有怵惕惻隱之心，「非所以內交於孺子之父母也，非所以要譽於鄉黨朋友也，非惡其聲而然也」三句之意而言。

陽明致良知教實無相應之了解。而聶雙江甚至認為告子之「生之謂性」亦是「以當下為具足」，其「勿求於心，勿求於氣」之論亦是「以不犯做手為妙悟」，他將告子之論與認「眼前呈現之良知為具足」者等同齊觀，以為眼前呈現的良知是已發，與「生之謂性」的中性之知覺運動並無不同⑯。如此了解王學，真是太離譜了。聶羅二人皆私淑陽明，而未嘗受陽明之鍛鍊，所以思路想法總不相應。

要之，知善知惡的良知，人所不知而己所獨知的良知，是隨時隨事而呈現的，這當下現前呈現的良知，即是良知本體，即是真良知。它即是未發之中，即是已發之和，是即中即和，即寂即感的。但如上所述，這不學不慮現成具足的良知，要擴充而貫下來以成己成物，卻須有個「必有事焉」的工夫（此義已見於第六章第四節）。但雖必有事焉，而良知心體上卻著不得一分意思。若動於意或動於氣，便是作好作惡（好惡皆讀去聲），而不是「何思何慮」⑰的天理流行。

---

⑯ 見《王龍溪語錄》卷六，〈致知議辯〉第八辯。

⑰ 《易・繫辭傳》云：「子曰：天下何思何慮！天下同歸而殊塗，一致而百慮。天下何思何慮！」意謂心通於道，則不假思慮也。

侃⑱去花間草，因曰：「天地間何善難培，惡難去？」先生曰：「未培未去耳。」少間曰：「此等看善惡，皆從軀殼起念。便會錯。」侃未達。曰：「天地生意，花草一般；何曾有善惡之分？子欲觀花，則以花為善，以草為惡。如欲用草時，復以草為善矣。此等善惡，皆由汝心好惡所生，故知是錯。」

曰：「然則無善無惡乎？」曰：「無善無惡者理之靜，有善有惡者氣之動。不動於氣，則無善無惡，是謂至善。」曰：「佛氏亦無善無惡，何以異？」曰：「佛氏著在無善無惡上，便一切都不管，不可以治天下。聖人無善無惡，只是無有作好，無有作惡，不動於氣。然遵王之道，會有其極，便自一循天理，便有個裁成輔相。」

曰：「草既非惡，即草不宜去矣。」曰：「如此卻是佛老意見。草若有礙，何妨除去？」曰：「如此，又是作好作惡。」曰：「不作好惡，非是全無好惡；卻是無知覺的人。謂之不作者，只是好惡一循於理，不去又著一分意思。如此，即是不曾好惡一般。」

曰：「去草如何是一循於理，不著意思？」曰：「草有妨礙，理亦宜去，去之而已；偶未即去，亦不累心。若著了一分意思，即心體便有貽累，便有許多動氣

⑱ 薛侃，字尚謙，號中離，廣東揭陽人。見《明儒學案》卷三十，〈粵閩王門學案〉。

處。」曰：「然則，善惡全不在物？」曰：「只在汝心。循理便是善，動氣便是惡。」曰：「畢竟物無善惡乎？」曰：「在心如此，在物亦然。世儒惟不知此，舍心逐物，將格物之學錯看了。終日馳求於外，只做得個義襲而取，終身行不著、習不察。」（按：此義須隨陽明致知格物義分疏，不可顢頇過去。）曰：「如好好色，如惡惡臭，則如何？」曰：「此正是一循於理，是天理合如此，本無私意作好作惡。」曰：「如好好色，如惡惡臭，安得非意？」曰：「卻是誠意，不是私意。誠意只是循天理。雖是循天理，亦著不得一分意。故有忿懥好樂，則不得其正。須是廓然大公，方是心之本體。知此，即知未發之中。」伯生曰：「先生曰：草若有礙，理亦宜去。緣何又是軀殼起念？」曰：「此須汝心自體當。汝要去草，是什麼心？周茂叔窗前草不除，是什麼心？」（《傳習錄》上）

此一則為薛侃所記，茲分五點作一簡要之解說：

㈠以花為善、草為惡，乃是由「心之好惡」所生的善惡，這種善惡是意氣或情感用事，所以是「軀殼起念」，是「氣之動」。如能循理而不動於氣，則無善無惡，是謂至善。

(二)何以「無善無惡」是謂「至善」？此須了解陽明說「無善無惡」的實義：甲、善與惡是對待性概念，在理（天理）上則不能說善惡。良知是天理，故吾人只能順良知天理做去，此處著不得一分意思。意念一起，即有善惡之分。所以說「無善無惡理之靜，有善有惡氣之動」。氣之動猶言意之動。「氣之動」與「動於氣」不同，氣之動有善有惡，而動於氣，則無論善念惡念一齊皆壞。蓋人在好善惡惡上，常不免又著一分意思，再轉一個念頭，這便不純了。即使是善的念頭，亦非真善，因它有了私欲夾雜之故。乙、說「無善無惡」，不是說良知天理有不善，或性有不善，亦不是說性或良知天理無所謂善與不善；其實意只是說：在良知天理這裡，不能說善說惡，著不得善惡的念頭。故《傳習錄》下云：「心體上著不得一念留滯，就如眼著不得些子塵沙，些子能有幾多？滿眼便昏天黑地了。」又云：「這一念，不但是私念，便好的念頭也著不得些子。如眼裡放些金玉屑，眼亦開不得了。」可見陽明所謂無善無惡，只是遮撥在良知好惡上那個動於意或動於氣的多轉了一下的念頭，而不是遮撥良知本性之為善。故曰「不動於氣，即無善無惡，是謂至善」。

(三)佛氏無善無惡，是順著他的路數而得一個清靜之極，便一切都不管。聖人無善無惡，則是《尚書・洪範》篇所謂「無有作好（去聲），遵王之道；無有作惡（去聲），遵王之路」。這是好惡不動於氣而一循於理。故草若有礙，除去便是；一時未除，亦不累心。

(四)善惡不在外物而在我心——好惡一循於理便是善，不循理而動氣便是惡。而好善「如好好色」，惡惡「如惡惡臭」，則是天理合當如此，而不是動氣或私意。所以陽明說這是「誠意」，而「誠意只是循天理」。循天理只是「率性」，只是依良知之真是非而行，這是「何思何慮」，並未著一分意思。

(五)同是「去草」，循理而為，便是「良知」之自然，便是何思何慮；動氣而為，則是從軀殼起念，便是作好作惡。同是「草」，除去，是因草有礙，依理當去；不除，是渾然與天地萬物為一體，是就碧綠之草常觀萬物生意。(程子嘗謂：周茂叔窗前草不除，問之，曰：與自家意思一般。)

既是「何思何慮」，所以不須「前知」。

或問至誠前知。先生曰：「誠是實理，只是一個良知。實理之妙用流行，即是神；其萌動處，即是幾。誠神幾，曰聖人。聖人不貴前知。禍福之來，雖聖人有所不免。聖人只是知幾，遇變即通耳。良知無前後，只知得現在的幾，便一了百了。若有個前知的心，就是私心，就有趨避利害的意。邵子必於前知，終是利害心未盡處。」（《傳習錄》下）

按：《中庸》云：「至誠之道，可以前知。」《中庸》之意，重在說「至誠」；而此處問者之意，則重在說「前知」，故陽明告以「聖人不貴前知」⑲。「誠、神、幾，曰聖人」，見周濂溪《通書》第四章。聖人至誠知幾，幾是動之微，就此萌動處知得是非、善惡、誠偽、邪正……便自然「遇變即通」「一了百了」。此良知天理之呈露流行，即是《中庸》所謂「不勉而中，不思而得」以及《易傳》所謂「何思何慮」

---

⑲ 按：《傳習錄》中，陽明〈答歐陽崇一〉嘗謂：不欺則良知無所偽而誠，誠則明矣；自信則良知無所惑而明，明則誠矣。明誠相生，是故良知常覺常照，如明鏡之懸，而物之來者，自不能遁其妍媸。又謂：《中庸》言「至誠如神，可以前知」，蓋推言思誠者之功效，為不能先覺者而說也。若就至誠而言，則至誠之妙用，即謂之「神」，不必言「如神」。至誠，則「無知無不知」，不必言「可以前知」矣。

的境界。到此境界，心地瑩澈，一循於理，不希求，不怨慕，無適莫，無將迎，亦無意必固我，只是一個精誠不息，直道而行。這「直道而行」的工夫，亦即程明道所謂「廓然而大公，物來而順應」。若有一個欲「前知」的心，便不是「直」而是「曲」，不是「公」而是「私」，不是「由仁義行」而是「趨利避害」。邵子（名雍，字堯夫，謚曰康節）精研圖書先天象數之學，以為能前知，此則不免推算測度，已是「著了一分意思」，所以陽明以為「終是利害心有未盡處」。直道工夫，本無奇特，良知明覺，隨感而應，故自能發而中節，自能盡了萬事萬變⑳。

但又須知：「何思何慮」並非「無思無慮」。所以陽明說：

⑳ 按：《傳習錄》上載：問聖人應變不窮，莫亦是預先講求否？先生曰：「如何講求得許多？聖人之心如明鏡，只是一個明，則隨感而應，無物不照；未有已往之形尚在，而未照之形先具者。若後世所講，卻是如此，是以與聖人之學大背。周公制禮作樂以文天下，皆聖人所能為，堯舜何不盡為之而待於周公？孔子刪述六經以詔萬世，亦聖人所能為，周公何不先為之而待於孔子？是知聖人遇此時，方為此事。只怕鏡不明，不怕來不能照。講求事變，亦是照時事；然學者卻須先有個明的工夫（按：即逆覺工夫）。學者唯患此心之未能明，不患事變之不能盡。」

繫言何思何慮，是言所思所慮只是天理，更無別思別慮耳，非謂無思無慮也。心之本體即是天理，有何於思慮得！學者用功，雖千思萬慮，只是要復他本體，不是以私意去安排思索出來；若安排思索，便是自私用智矣。

思曰睿，睿作聖。心之官則思，思則得之㉑。思其可少乎？沉空守寂，與安排思索，正是自私用智，其為喪失良知，一也。良知是天理之昭明靈覺處，故良知即是天理，思是良知之發用。若是良知發用之思，則所思莫非天理矣。（《傳習錄》中，〈答歐陽崇一〉）

據此可知，何思何慮並非沉空守寂之無思無慮，只是「不可著一分意思」，不可自私用智之意。致良知工夫到達純熟之境，無一毫私意留滯，將自家生命從隱曲中翻出來，一切如如平常，隨時光明自在，便是何思何慮境界。前章所舉龍溪「四無」之說，亦是宋儒所謂天理流行，已達何思何慮境地。若將此義關聯到實際生活上，則可舉王龍溪批評唐順之一段話以為例證：

㉑ 按：「思作睿，睿作聖」，語出《尚書・洪範》篇。「心之官則思，思則得之」，語出《孟子・告子》篇。

荊川唐子，開府維揚，邀先生往會。時已有病，遇春汎，日坐治堂，命將遣師，為防海之計。一日退食，笑謂先生曰：「公看我與老師之學，有相契否？」先生曰：「子之力量，固自不同。若說良知，還未致得在。」荊川曰：「我平生佩服陽明之教，滿口所說，滿紙所寫，那些不是良知？公豈欺我耶？」先生笑曰：「難道不是良知？只未致得真良知，未免攙和。」荊川憤然不服云：「試舉看。」

先生曰：「適在堂遣將時，諸將校有所稟呈，辭意未盡，即與攔截，發揮自己方略，令其依從。此是攙入意見，心便不虛，非真良知也。將官將地方事體請問某處該如何設備，某事卻如何追攝，便引證古人做過勾當，某處如此處，某事如此處，自家一點圓明，反覺凝滯。此是攙入典要，機便不神，非真良知也。及至議論不合，定著眼睛沉思一回，又與說起。此等處認作沉幾研慮，不知此已攙入擬議安排，非真良知也。有時奮掉鼓激，厲聲抗言，使若無所容。自以為威嚴不可犯，不知此是攙入氣魄，非真良知也。有時發人隱過，有時揚人隱行，有時行不測之賞，加非法之罰。自以為得好惡之正，不知自己靈根已為搖動，不免有所作，非真良知也。他如製木城，造銅面，畜獵犬，不論勢之所便，地之所宜，一一令其如法措置。此是攙入格套，非真良知也。嘗曰：我一一經營，已得勝算。猛將如雲，不如著一病都堂在陣。此是攙入能所，非真良知也。若是真致良知，只宜虛心應物，使人各得盡其情。能剛能柔，觸機而應，迎刃而解，更無些子攙入。譬如明鏡當臺，妍媸自辨，方是經綸手段。攙有些子才智伎倆，與之相形，自己光明，反為所蔽。口中說得十分明白，紙上寫得十分詳盡，只成播弄精魂，非真實受用也。」

荊川憮然曰：「吾過矣。友道以直諒為益，非虛言也。」（《王龍溪語錄》卷一，〈維揚晤語〉）

龍溪這一段話，真是精熟圓透。牟先生《王陽明致良知教》書中曾有評述云：看此段話，便可於致良知工夫得一實際用心之例證。若真是良知呈露流行，便自無「意見、典要、擬議安排、氣魄、有所作、格套、能所」諸病。凡此等病皆非良知天理，而又皆足以阻隔良知天理，我見、我慢、好名、好勝、好權，皆藏其中。陽明所謂「不著一分意思」，是就病之極隱細、極深微處說。放大而例證之，便是意見、典要、氣魄、能所諸病。粗之，便是好名、好勝、好權、我見、我慢。再粗之，便是聲色貨利。凡此，皆足以障蔽良知。對此等等病，若欲一一拔除之，試想其工夫須如何之嚴且密。對此無休止之工夫過程，且不說難易：說難使人沮，說易使人忽；

惟當精誠不息耳。

第三節　終日乾乾、對越在天

格物者，《大學》之實下手處。徹首徹尾，自始學至聖人，只此工夫而已，非但入門之際有此一段也。夫正心誠意致知格物，皆所以修身，而格物者，其所用力，日可見之地。故格物者，格其心之物也，格其意之物也，格其知之物也。正心者，正其物之心也。誠意者，誠其物之意也。致知者，致其物之知也。此豈有內外彼此之分哉？

理一而已：以其理之凝聚而言，則謂之性；以其凝聚之主宰而言，則謂之心；以其主宰之發動而言，則謂之意；以其發動之明覺而言，則謂之知；以其明覺之感應而言，則謂之物。故就物而言，謂之格；就知而言，謂之致；就意而言，謂之誠；就心而言，謂之正。正者，正此也；誠者，誠此也；致者，致此也；格者，格此也。皆所謂窮理以盡性也。天下無性外之理，無性外之物。（《傳習錄》中，〈答羅整菴少宰書〉）

心之所在是心之物，意之所在是意之物，知之所在是知之物；物即是事，格物，即是正此「心、意、知」之所在的事。所以說「格物者，格其心之物也，格其意之物也，格其知之物也」。心、意、知，必落實在事上，落實在事上的「心、意、知」，即是物之心、物之意、物之知。所以說「正心者，正其物之心也。誠意者，誠其物之意也。致知者，致其物之知也」。如此，則正心、誠意、致知、格物，皆是修身工夫，並無內外彼此之別。

「理一而已」的理，與正此、誠此、致此之「此」同。是從本原處指目一個東西而泛言之；這個本原處的東西，即是本心。本心不能空講，就其具體而真切處而指點之，即是良知。所以良知乃是指點本心之靈竅。一說良知，當下便見本心之實落處。而心、性、意、知、物，亦是一事，一實落而見心性意知物之為一，便顯出本體之具體而內在。中國聖哲證會本體，從來不是隔離地言之，而是如其至真至實之具體處而言之。聖賢學問本是相應道德本性而為道德實踐，故聖賢學問與聖賢工夫實為一事。工夫所至即是本體，從工夫見本體，依本體起工夫，故本體從未離越。而致良知正是順承良知天理而起云為、而興大用，所以無一剎那可離本體，而本體亦無一刻而不呈現於具體事象之中，故本體必具體而內在。在西方，則本體隔離，超越在上；吾身罪惡，坎陷在下；上下兩不相融，故超越義特別顯著。而所謂「回頭是父」亦只是見到一可仰祈、可掛搭、可賜我恩寵以拯救我之上帝，而並非儒者之一念覺悟，便同本得。儒者覺悟之心乃是本心，所以本體不離越。

在不離越之下，如何又能講超越義？曰：超越不超越，並不在於本體之離不離，超越只在意義上說，不在隔離上說。陷溺之罪惡與覺悟之本心，總有對照，而對照不必相隔。西哲將此對照弄成本體與人相隔，而儒聖則雖有對照，本體與人卻不相隔。超越是在此對照上說，不在隔離上說。程明道云：「終日乾乾，君子當終日對越在天也。」❷❷「終日乾乾」，語出《易・乾・文辭》。「對越在天」，語出《詩經・周頌・清廟》之詩。乾乾，惕厲之象。對越在天，猶言對越上帝（惟上帝，並非限於任何宗教內容所說之上帝）。而對越有二義：

㈠原始之超越地對——凡《詩》《書》言天、帝，皆有人格神之意味，皆是超越地對。

㈡經過孔子之仁與孟子之心性而內在地對——此時，人格神轉為道德的形上的實體義，超越的天、帝與內在的心性打成一片；面對「既超越而又內在」之道德實體

❷❷ 見《二程遺書》卷一。

而承當下來，以清澈光暢吾人之生命，便是內在地對。此是進德修業之深邃化與內在化，《大學》《中庸》之「慎獨」即由此而成立。

人在道德實踐之過程中，總不免有昏墮陷溺，當陷溺之時，即是罪惡之時，亦即所謂「落於鬼窟」。從鬼窟中覺醒便是從陷溺中超拔躍起，覺悟之本心超越於罪惡之上，如此，本心性體即顯示其超越義。詞家所謂：「驀然回首，那人卻在燈火闌珊處」，這正可表示從陷溺中覺醒時的驚喜。在此驚喜之際，只是一念之真。真性呈露，對照泯消，此時足見你自己超越之本領，而不見本體之超越義。但你在此處所顯出的超越之本領，實際上即是本體呈現而超越罪惡。是以當既得之後，小心奉持，不敢踰越，便是敬畏之象。《中庸》所謂「戒慎乎其所不睹，恐懼乎其所不聞」，即是敬畏。「終日乾乾」「對越在天」，亦是敬畏。敬畏是保任勿失義，尊敬天命義。——當此之時，本體之超越義便顯出來。所以超越必在保任戒懼時顯。保任戒懼總在不睹不聞之時，而不睹不聞即是所謂靜時，靜時即安靜肅穆之時。此時，吾心內斂而不外用（外用是動之時），即所謂迴向是也。在迴向內斂之時，便是天理鑒臨在上，瞻之在前，忽焉在後，上下左右，無不是道，真是「莫見乎隱，莫顯乎微」。此便是「人所不知而己所獨知」的慎獨之時，而慎獨之時亦正是本體超越之時。所以超越又在安靜迴向時見。迴向即返本，人在返本時方有敬仰之意，而「本」即是「所敬仰」。面對所敬仰則超越義便顯出來。「動時本體內在，靜時本體超越」。所以超越不超越，乃是「時」也。而本體自身則無所謂超越不超越㉓。以是，超越義實繫於三時而見：

㈠由與罪惡對照時而見。

㈡由保任戒懼之時而見。

㈢由安靜迴向之時而見。

如此而言之超越義，與其他義（如內在義、具體義）並不相礙。動時本體內在，天理流行，只是一個良知明覺之感應，只是一個「何思何慮」；靜時本體超越，性體淵穆，便是乾乾惕厲，「對越在天」。而良知本體即寂即感，實無分於動靜。故「何思何慮」與「對越在天」，遂亦得其融釋而不見相礙。

以是，在儒聖之學中，本體既超越亦內在，既內在亦超越，是「即超越即內在，即內在即超越」的㉔。馮友蘭說儒家只有道德境界而無天地境界，乃表示他對儒家

㉓ 按：在西方，則本體因隔離而亦超越。唯依隔離而言超越，則超越義有虛幻。總因在其宗教精神之自我超昇中，並無心性之學以實之，故不免形成人與上帝之間的虛脫。

即超越即內在、即內在即超越的性命天道相貫通之基本義，根本無所契知。在儒家，實是道德境界、天地境界、藝術境界通而為一。此義，自孔孟下及宋明儒，皆隨處指點，隨時流露。不知此，則無從了解儒家之學。此所以馮氏之書，凡說到儒家，皆不免是外在的隔靴搔癢的不切之談。陽明之學，從具體而真實之良知指點本心，而本心即是天理所在，即是道體所在。故心曰天心，理曰天理，道亦為天道。而其形上學亦由此而透出。但卻不是先概念地解析出，而是由良知這一中心點而擴充出，亦即由良知之感應而建立人物之同體。故陽明有詩云：「無聲無臭獨知時，此是乾坤萬有基」。到人的知能因明覺之感應而成為乾坤之知能，則道德的形上學遂得以成立。

問：「人心與物同體：如吾身原是血氣流通的，所以謂之同體。若於人，便異體了；禽獸草木益遠矣！而何謂之同體？」先生曰：「你只在感應之幾上看，豈但禽獸草木，雖天地也與我同體的，鬼神也與我同體的。」

㉔ 以上所述超越義與內在義，其義理根據本於牟先生《王陽明致良知教》與《心體與性體》二書。

請問。先生曰：「你看這個天地中間，什麼是天地的心？」對曰：「嘗聞人是天地的心。」又曰：「人又什麼教做心？」對曰：「只是一個靈明。」曰：「可知充天塞地中間，只有這個靈明。人只為形體自間隔了。我的靈明，便是天地鬼神的主宰。天沒有我的靈明，誰去仰他高？地沒有我的靈明，誰去俯他深？鬼神沒有我的靈明，誰去辨他吉凶災祥？天地鬼神萬物，離卻我的靈明，便沒有天地鬼神萬物了。我的靈明，離卻了天地鬼神萬物，亦沒有我的靈明。如此便是一氣流通的。如何與他間隔得？」

又問：「天地鬼神萬物，千古見在；何沒了我的靈明，便俱無了？」曰：「今看死的人，他這些精靈遊散了，他的天地萬物尚在何處？」（《傳習錄》下）

人心與物同體，即仁者與天地萬物為一體之意。天地間的個體雖然萬萬不同，但靈明只有一個。不能說我有一個靈明，天地萬物又別有一個靈明。但從感應之幾上說，感應之焦點還是我的良知之靈明，故陽明此處說為「我的靈明」。萬萬不同的個體，無不為這個靈明所潤澤、所貫徹。這個靈明即是吾心之良知。故曰「天地鬼神萬物，離卻我的靈明，便沒有天地鬼神萬物了」。可見天地萬物必須在此靈明之貫徹中，乃能得其呈現，以成其為天地萬物。反之，良知靈明之感應，亦須憑藉天地萬物而後乃能得其真實而具體之顯現。故又曰「我的靈明，離卻了天地鬼神萬物，亦沒有我的靈明」。天之為高，地之為深，鬼神之為吉凶災祥，是天地鬼神如此這般之呈現；去仰他俯他辨他如此這般呈現，則是我的良知明覺之感應。良知感應與天地萬物之呈現，是同在一個靈明中表現的。如果沒有了我的靈明，則吾心良知之感應與天地萬物之呈現，便同歸於泯。所以人死之後，亦便沒有他的天地萬物了。到了透露宇宙本體而言「乾坤知能」，而言「人心與物同體」，而言「充天塞地中間，只有這個靈明」，便已涉及道德形上學的成立問題㉕。關此，陽明並未架構思辯地積極地建立之，而只是就感應之幾上略予指點。此外，尚有二段如下：

朱本思㉖問：「人有虛靈，方有良知。若草木瓦石之類，亦有良知否？」先生曰：「人的良知。就是草木瓦石的良知；若草木瓦石無人的良知，不可以為草木瓦

㉕ 關於儒家道德形上學之建立與完成，牟先生《心體與性體》與《智的直覺與中國哲學》二書，有積極之討論，請參看。

㉖ 朱得之，字本思，號近齋。屬南中王門，見《明儒學案》卷二十五。

石矣。豈惟草木瓦石為然，天地無人的良知，亦不可為天地矣。蓋天地萬物，與人原是一體，其發竅之最精處，是人心一點靈明。風雨露雷，日月星辰，禽獸草木，山川土石，與人原只一體。故五穀禽獸之類，皆可以養人；藥石之類，皆可以療疾。只為同此一氣，故能相通耳。」（《傳習錄》下）

先生遊南鎮，一友指岩中花樹，問曰：「天下無心外之物。如此花樹，在深山中自開自落，於我心亦何相關？」先生曰：「你未看此花時，此花與汝心同歸於寂。你來看此花時，則此花顏色一時明白起來，便知此花不在你的心外。」（《傳習錄》下）

此二則與上一則皆從感應之幾上說，而並非嚴格之思辯。中國聖哲講學，本不從思辯入，而是從踐履工夫入。工夫必歸於具體，陽明即是由最具體之良知感應而建立人物之同體。說到此處，良知只是一個靈明，一個生機，一個實現原理。所謂「花樹不在心外」，亦是隨機之指點，是表示我與花樹俱在一靈明之感應中同時呈現。感則俱感，寂則俱寂。

第九章　陽明的親民哲學及其事功

第一節　與萬物為一體

「萬物一體」，乃是儒家之本義、通義。孔子言「仁」，仁以感通為性，仁心之感通覺潤是無有限極的，所以仁必然是萬物一體之仁。孟子言「萬物皆備於我」，「上下與天地同流」❶，亦是就本心仁體之無外無隔而說。下及宋儒，尤能隨時隨處發揮此義，而張橫渠之〈西銘〉與程明道之〈識仁篇〉，即是最具有代表性的文獻。上章末已說到陽明所謂「人心與物同體」之義，茲進而順「人與天地萬物為一

❶ 見《孟子・盡心上》篇。

體，視天下猶一家，中國猶一人」之意，再作申述。

陽明〈大學問〉❷首段云：

大人者，以天地萬物為一體者也。其視天下猶一家，中國猶一人焉。若夫間形骸而分爾我者，小人矣。大人之能以天地萬物為一體也，非意之也；其心之仁，本若是其與天地萬物而為一也。

豈惟大人，雖小人之心亦莫不然。彼顧自小之耳。是故見孺子之入井，而必有怵惕惻隱之心焉，是其心之與孺子而為一體也。孺子猶同類者也；見鳥獸之哀鳴觳觫，而必有不忍之心焉，是其仁之與鳥獸而為一體也。鳥獸猶有知覺者也；見草木之摧折而必有憫恤之心焉，是其仁之與草木而為一體也。草木猶有生意者也；見瓦石之毀壞而必有顧惜之心焉，是其仁之與瓦石而為一體也。是其一體之仁也，雖小人之心亦必有之，是乃根於天命之性而自然靈昭不昧者也，是故謂之明德。

小人之心既已分隔隘陋矣，而其一體之仁猶能不昧若此者，是其未動於欲、未蔽於私之時也。及其動於欲、蔽於私，而利害相攻，忿怒相激，則對戕物圮類，無

❷〈大學問〉，又稱〈大學或問〉。乃陽明晚年之大文字，甚重要。

所不為；其甚至有骨肉相殘者，而一體之仁亡矣。是故苟無私欲之蔽，則雖小人之心，而其一體之仁猶大人也。一有私欲之蔽，則雖大人之心，而其分隔隘陋猶小人矣。故夫為大人之學者，亦惟去其私欲之蔽以自明其明德，復其天地萬物一體之本然而已耳。非能於本體之外而有所增益也。

按：《大學》開宗明義云：「大學之道，在明明德，在親民，在止於至善。」陽明上面這段話便是就人之本有的「明德」，以點出人皆有一體之仁。大人即是仁者，仁者與物無對，故無間於形骸之私，無分於物我內外；視中國猶如一人，天下猶如一家。而且大人之以天地萬物為一體，並不只是一種主觀的想望，而是仁心本身「感通無隔、覺潤無方」之不容已，故曰「大人之能以天地萬物為一體也，非意之也；其心之仁，本若是其與天地萬物而為一也」。大人仁心呈現，故有「民胞物與」之懷；小人間於形骸、強分爾我，而自小自限，所以不表現大人心量。其實，人皆有仁心，雖然有時不呈現，但當一特殊之情境（如孺子將入於井）來臨時，則其怵惕惻隱之心必然當下流露呈現，所以小人之仁，實無異於大人，亦自然與孺子而為一體。人不僅對同類之孺子有惻隱之心，對鳥獸亦同樣有不忍之心，即使對草木瓦石亦仍然有憫恤顧惜之心；由此可知，人心之仁，實亦與鳥獸草木瓦石而為一體。小人雖因「間於形骸、強分爾我」而仁心一時隱泯不露，但只要不順欲念而動，不為私意所蔽，則其一體之仁仍能靈昭不昧。最可嘆的是人之視聽言行唯是順其欲念而動，而靈昭不昧之仁遂為私意所蔽。於是利害相攻於內，忿怒相激於外，如此，則將戕害萬物，傾陷同類，至乎其極，且不免骨肉相殘，而其先天本有的仁心亦將喪亡殆盡。大人與小人之分，即在於能否呈現其與天地萬物為一體之仁心；而仁心能否呈現，又在於他是否能超脫利欲私意之蒙蔽。所以從事「大人之學」的進路，首先在於去私欲之蔽，以復其本有之明德。而所謂明德，實即天命之性、本心之仁。大人「明明德」的工夫，亦不過恢復與天地萬物為一體的本然之仁心善性，使它作為我的生命之主宰而已❸。

人既與天地萬物為一體，自應一視同仁，何以又有厚薄之分？《傳習錄》下有一則記載，就曾討論到這個問題。

❸ 按：《傳習錄》中載陽明〈答顧東橋書〉之後段（即所謂拔本塞源之論），亦暢發「與天地萬物為一體」之旨。宜參看。

問：「大人與物同體，如何《大學》又說個厚薄？」❹

先生曰：「惟是道理自有厚薄。比如身是一體，把手足捍頭目，豈是偏要薄手足？其道理合如此。禽獸與草木同是愛的，把草木去養禽獸，又忍得。人與禽獸同是愛的，宰禽獸以養親，與供祭祀、燕賓客，心又忍得。至親與路人同是愛的，如簞食豆羹，得則生，不得則死，不能兩全，寧救至親，不救路人，心又忍得。這是道理合當如此。及至吾身與至親，更不能分別彼此厚薄。蓋以仁民愛物，皆從此出；此處可忍，更無所不忍矣。《大學》所謂厚薄，是良知上自然的條理，不可踰越，此便謂之義；順這個條理，便謂之禮；知此條理，便謂之智；終始是這個條理，便謂之信。」

這一則是從良知自然之條理，以說明「愛有差等」之義。良知自然之條理，是當然之理，是先天定然如此的，所以名之曰「天理」。《大學》說個厚薄，並非起於「私意」，而是本乎天理之自然。所以陽明說「惟是道理自有厚薄」。孟子嘗言：「親親

❹《大學》首章有云：「其所厚者薄，而其所薄者厚，未之有也。」問者蓋以同體則不應分厚薄，分厚薄則不得云同體。故舉以為問。

而仁民，仁民而愛物。」❺這就是良知自然之條理，是天理合當如此。先親親，然後仁民，然後愛物，這是「厚薄」自然之序；雖先親親，而卻不礙仁民，不礙愛物，則是仁心通於萬物的「同體」之義。陽明一方面說明「同體」與「厚薄」之不相礙，同時亦特別指出「吾身」與「至親」之間，則絕對不能再分彼此，再分厚薄。因為「親親，仁也」，若與至親猶分彼此厚薄，便是「不仁」。良知之仁一旦泯喪，義、禮、智、信亦便失其本根而一同消亡。楊氏「為我」，是只知厚薄之分而不明同體之義；墨氏「兼愛」，是只知同體之意而不明厚薄之理。二者皆違背良知自然之條理，而各趨一端，所以引起孟子嚴厲的批評❻。

❺ 見《孟子・盡心上》篇。

❻ 《孟子・滕文公下》：「楊氏為我，是無君也；墨氏兼愛，是無父也。無父無君，是禽獸也。」「君」以保民親民為職，自應「視天下為一家，中國為一人」。「無君」則是分厚薄而泯同體之義。「父」乃我之親也，親親而後仁民愛物，此乃天理自然之序。故儒家只言不獨親其親，只言老吾老以及人之老。若倡「兼愛」而強欲「視人之父猶己父」，其極必至於視己之父如路人，此便是「無父」。無父則彰同體而泯厚薄，而本末先後之序（天理之節文）喪矣。墨者夷之，雖欲守其「愛無差等」之義，而又主張「施由親始」。（見

第二節　明明德以親民

〈大學問〉次段云：

曰：「然則，何以在親民乎？」

曰：「明明德者，立其天地萬物一體之體也；親民者，達其天地萬物一體之用也。故明明德必在於親民，而親民乃所以明其明德也。是故親吾之父，以及人之父，以及天下人之父，而後吾心之仁與吾之父、人之父、與天下人之父而為一體矣；實與之為一體，而後孝之明德始明矣。親吾之兄，以及人之兄，以及天下人之兄，而後吾心之仁與吾之兄、人之兄、與天下人之兄而為一體矣；實與之為一體，而後弟之明德始明矣。君臣也，夫婦也，朋友也，以至於山川鬼神禽獸草木也，莫不實有以親之，以達吾一體之仁，然後吾之明德始無不明，而真能以天地萬物為一體矣。夫是之謂明明德於天下，是之謂家齊國治而天下平，是之謂盡性。」

〈滕文公上〉可見墨家兼愛之義，實有不可克服之矛盾。孟子之闢楊墨，非偶然也。

大人與天地萬物為一體，「明德」既明，而後一體之仁始能透體呈現，所以說「明明德」者，「立」其天地萬物一體之「體」也。能親其民，而後一體之仁始能由內施於外，由此達於彼，所以說「親民」者，「達」其天地萬物一體之「用」也。凡欲明其明德，必先親民，然後乃能及於物，故陽明以為「明明德必在於親民」。能親民，即是一體之仁的真實表現，而表現一體之仁亦就是明其明德，故陽明又以為「親民乃所以明其明德也」。吾心一體之仁表現於親吾之親，表現於親吾之兄（敬兄），是謂孝之明德，弟之明德。人不獨親其親，不獨親其兄，亦當親人之親、親人之兄，以及於天下人之親、天下人之兄；如此，吾心一體之仁乃能無所憾，而孝之明德與弟之明德亦才能充量之極地明於天下。其他如君臣、夫婦、朋友，以至於山川鬼神、鳥獸草木，亦皆各盡其親之、敬之、保之、育之……之道，然後吾之明德始能不偏於一事一物，不限於一方一隅，而充盡無漏地明於天下。到達此境，才是「與天地萬物為一體」之真實化。

真能與天地萬物為一體，即是「明明德於天下」，即是「家齊國治而天下平」，如此，亦就是「盡我之性」了。因為吾之明德即是吾心一體之仁。吾心之仁實即天命之性，必須家齊國治天下平，然後吾心一體之仁才能真無餘憾；換言之，必須明明德於天下，然後才能使我之「性」獲得充盡圓滿之實現，所以說「是之謂盡性」。盡性即是盡心，盡心即是盡仁，盡仁即是明明德。而明明德又必落實於「親民」，乃能得其真實之表現。因此陽明認為：「政在親民」。

他五十四歲作〈親民堂記〉❼有云：

政在親民。曰：親民何以乎？曰：在明明德。曰：明明德何以乎？曰：在親民。曰：明明德、親民，一乎？曰：一也。……人者，天地之心也。民者，對己之稱也。……是故親吾之父以及人之父，而天下之父莫不親矣。親吾之兄以及人之兄，而天下之兄莫不親矣。……是之謂明明德於天下，是之謂家齊國治而天下平。

昔之人固有欲明其明德者矣，然或失之虛罔空寂，而無有乎家國天下之施者，是不知明明德之在於親民，而二氏之流是矣。固有欲親其民者矣，然或失之智謀權術，而無有乎仁愛惻怛之誠者，是不知親民之所以明其明德，而五伯功利之徒是矣。

---

❼ 據《陽明年譜》，五十四歲在越，越郡太守南大吉（字元善，號瑞泉，陝之渭南人，師事陽明，屬北方王門，見《明儒學案》卷二十九。）扁蒞政之堂曰「親民堂」，請陽明為作記云。

是皆不知止於至善之過也。

《書》云「民為邦本」。離開人民，何來政治教化？佛老二氏欲明其明德而不知親民，霸者功利之徒欲親民（實際是利用人民）而又不知明其明德（無仁愛惻怛之誠），此皆不知止於至善之過。不知「止於至善」❽，即是不知明明德以親民，亦即不能充盡吾心一體之仁，以成己成物安定民生之謂。儒家言「道」，不離人倫民物，可知聖人之道，實即百姓之道。所以陽明說：「與愚夫愚婦同的，是謂同德；與愚夫愚婦異的，是謂異端。」❾因此，凡為政者皆應以親民為職。「說親民，便是兼有教養意；說新民，便覺偏了。」❿所以陽明不贊同朱子改《大學》之「親民」為「新

❽ 按：《大學》言「止於至善」，朱注解至善為「事理當然之極」，乃意指一「至善之地」，亦即事物之定理也。此不免有外在之嫌。陽明〈大學問〉則云：「至善者，明德親民之極則也。天命之性，粹然至善，其靈昭不昧者，此其至善之發見，是乃明德之本體，而即所謂良知也。」是以至善即在吾心，亦即吾心一體之仁也。

❾ 見《傳習錄》下。

❿ 見《傳習錄》上。按：此所謂偏，是指朱子《大學章句》改「親民」為「新民」，乃偏於

民」⓫。陽明的意思，當然不是為《大學》爭這一個字，而是要藉此發揮他「安民、保民、教民、養民」的親民哲學。他在〈答顧東橋書〉中說到：「聖人之心，以天下萬物為一體，其視天下之人，無外內遠近，凡有血氣，皆有昆弟赤子之親，莫不欲安全而教養之，以遂其萬物一體之念。」既然視天下之人皆如昆弟赤子之親，而欲安全而保養之，所以百姓的困苦荼毒，即是我自己的困苦荼毒。唯有解除天下百姓的困苦，才能使我的良知獲得快適與滿足。故陽明〈答聶文蔚〉有云：

良知之在人心，無間於聖愚，天下古今之所同也。世之君子，惟務致其良知，則自能公是非，同好惡，視人猶己，視國猶家……視民之飢溺猶己之飢溺；而一夫之不獲，若己推而納諸溝中者，非故為是而以蘄天下之信己也，務致其良知，求自慊而已矣。（《傳習錄》中）

「教」而言。

⓫ 按：朱子改《大學》之「在親民」為「在新民」究有當否，應以《大學》原文之義為據。此須別論。筆者前有〈大學分章之研究〉一文，刊於《孔孟學報》第九期，請參看。

陽明這裡所說的「視人猶己，視國猶家……視民之飢溺猶己之飢溺」，即是孟子所謂「不忍人之心」。見人之陷於困苦飢溺，則有所不忍，有所不安，而覺我心之仁有所未盡。盡其心而後可以安民保民，所以親民哲學之實踐，亦不過「求盡其心」而已。故陽明又云：

吾之父子親矣，而天下有未親者焉，吾心未盡也。吾之君臣義矣，而天下有未義者焉，吾心未盡也。吾之夫婦別矣、長幼序矣、朋友信矣，而天下有未別未序未信者焉，吾心未盡也。吾之一家飽暖逸樂矣，而天下有未飽暖逸樂者焉，其能以親乎、義乎、別、序、信乎？吾心未盡也，故於是有紀綱政事之設焉，有禮樂教化之施焉。凡以裁成輔相，成己成物，而求盡吾心焉耳。（〈重修山陰縣學記〉）

總之，盡吾心一體之仁以親民，這是任何形態的紀綱政事與禮樂教化所不可或違的首要原則，亦是一切為政者（處理公共事務者）所必須念念在心而絕對遵守的最高信條。否則，便是「愚民」「虐民」而「與民為敵」。而賈誼早經指出：自古以來，凡與民為敵者，民必勝之。這是儒者的信念，亦是歷史的真理。任何「視人為物」

「視民如奴」的思想觀念都應對此而痛切覺醒，任何憑依錢財權勢知識身分而賤視農民勞工與寒苦大眾的勢利意識（無論洋奴買辦或官奴土豪），都應該對此而徹底悔悟。在「盡吾心一體之仁以親民」的原則下，只有人品之高下，沒有行業之貴賤⓬。以是，陽明認為四民平等，士不獨高。他作〈節菴方公墓表〉⓭有云：

古者四民異業而同道，其盡心焉一也。士以修治，農以具養，工以利器，商以通貨，各就其資之所近、力之所及者而業焉，以求盡其心；其歸要在於有益於生人之道，則一而已……自王道熄而學術乖，人失其心，交鶩於利以相馳軼，於是有歆士而卑農，榮宦遊而恥工賈；夷考其實，射時罔利又甚焉……比之具養器貨之益，罪浮而實反不逮。

⓬ 按：世有「操賤業」之言。實則不是業賤，而是人自作賤。如男盜女倡，實乃德行之墮落，固不得謂之為「業」也。至若為勢所逼而情出無奈者，則皆苦命無告之人，而吾心一體之仁自必哀之憐之親之助之而不容自已。

⓭ 見《王陽明全書》，別錄卷二一。

四民各盡其心，故「異業而同道」。農具養、工利器、賈通貨，便是各盡其心，所以皆是有益於人的「生人之道」。士卑農而恥工賈，榮宦遊而不修治，即是不能盡其一體之仁以親民，若又「射時罔利」，便是「失其心」了。齊王之子嘗問：士何事？孟子答道：「尚志」。所謂尚志，亦即「求盡其心」之謂。士不尚志而反失其心，則名雖為士而實乃不務正業之遊民，其罪咎自然浮於農工商賈。所謂「心死血涼」，正指此輩。

明明德以親民，雖本於《大學》而說，而精神氣脈亦仍然直承孟子而來。孟子肯定「民為貴」，故處處重在「興民」，使人民本乎天性之善而興起其心志以成聖成賢，故曰「舜何人也，予何人也，有為者亦若是。」⓮興起人民之心志，即是要人以「天民」自居，以「天爵」自貴⓯，而堂堂地做人。陽明所謂「明明德以親民」，

⓮ 見《孟子・滕文公上》篇。

⓯ 按：《孟子・萬章上》載伊尹之言曰：「天之生斯民也，使先知覺後知，使先覺覺後覺。吾，天民之先覺者也，將以斯道覺斯民也。」所謂「天民」，實亦本乎《詩經・大雅・烝民》「天生烝民，有物有則，民之秉彝，好是懿德」之義而建立之觀念。人人皆有天賦之常性（善性），皆有「天爵」「良貴」，故人人皆可興起為善以成為聖賢。——天爵、良貴

亦正是欲天下人皆明其明德，致其良知，以興起為善。而「親民」所含的教民養民之義，亦是要天下人存性立德，發揮其「以中國為一人，天下為一家」的一體之仁，以齊家興業，而進此社會於安和康樂之境。陽明既認定士應當「以親民為職」，所以他的奏疏文字，沒有一篇不說到民生疾苦，沒有一篇不說到安定民生，這都是本乎他關心民瘼「視民如傷」的真誠惻怛，而情不容已地發出的呼聲。而平寇定亂，建立事功，則是他親民哲學的具體表現。

第三節 親民哲學的實踐：建立事功⑯

陽明雖然沒有機會掌理國家之大政，但他對「親民哲學」的實踐，仍有具體而卓越的表現。以下所述他三大事功，都與軍旅有關。他剿賊寇、擒叛逆、平諸蠻，既動干戈，當然不免有所殺傷，但這是除凶頑以保黎庶，乃是以殺止殺，依然是「保

之說，皆見〈告子下〉篇。

⑯ 按：本節所述陽明之事功，係根據《陽明年譜》，並參閱〈行狀〉、墓誌、書信、以及《明史》本傳而撰成。

民」「親民」哲學的貫徹。所以亂事一定，陽明即設縣治，舉鄉約，以撫慰新民，安靖地方，並興學校以教化子弟。而且從他的書疏詩文裡，亦可看出陽明是「殺人手段濟人心」，即使在兵鋒之際，亦依然是滿懷惻隱的。

㈠平諸寇

吹角峰頭曉散軍　橫空萬騎下氤氳
前旌已帶洗兵雨　飛鳥猶驚捲陣雲
南畝漸忻農事動　東山休共凱歌聞
正思鋒鏑堪揮淚　一戰功成未足云

——〈喜雨三首〉之一

在江西與福建、廣東、湖南三省接壤的邊境，都有大山脈橫亙綿延其間。明武宗即位，宦官柄政，天下擾攘不安。這些邊區的盜寇，便乘機裹脅百姓，據地稱王，並且四出劫掠，甚至攻打城池，普通的官軍奈何不了他們。等到大軍來到，他們便化整為零，大軍一退，便又呼嘯而聚，為害地方。有一位巡撫，竟因此而憂懼不安，告病辭職了。武宗正德十一年，兵部尚書王瓊深知陽明能任艱鉅，特向朝廷薦舉。九月，遂以南京鴻臚寺卿陞任都察院左僉都御史，巡撫南贛汀漳等處。這時陽明四十五歲。陽明受命之後，先回家鄉省親。他的朋友王思輿對季本（字彭山，後為陽明弟子）說：「陽明此行，必立事功。」季本問，何以知之？答道：「吾觸之不動矣！」所謂「觸之不動」，即孟子「不動心」之意。面對艱鉅的責任，心不搖惑，無所躊躇，即是「不動心」，亦即宋明儒常說的「義理承當」。所以陽明的「觸之不動」，是從學養而來。他不但不是剛愎執拗之不動，而且與英雄豪俠的「氣魄承當」亦不相同。

陽明於冬末出發，次年——武宗正德十二年正月十五日到達贛州。在上任之後十天的時間裡，陽明便完成了二大準備工作：

㈠行十家牌法：為了斷絕山賊在居民戶中混跡藏匿與往來活動，特於城中立「十家牌法」，詳開各戶姓名、籍貫、年貌、行業，日輪一家，沿門按牌查察，遇到面生可疑之人，立即報官審問。倘有隱匿，十家連坐。這是保安防賊最根本有效的辦法。

㈡編選民兵：南贛地連四省，山險林深，盜賊盤據，以前每遇有事，總是請調官軍進剿，往返費時，師老無功，而山賊益加猖獗。為剿賊之計，陽明移文贛閩湘粵四省兵備官，在各所屬府縣挑選驍勇絕倫，膽力出眾，並有武藝技能的，每縣十名上下，編成一支機動特別部隊。另外命令各縣將原有民兵，裁汰三分之一，剩下強壯可用的，嚴加訓練，專門負責守城與防禦關隘。那三分之一餘額的錢糧，便用來招募壯勇，編成精兵，隨各省兵備道屯紮，聽候調遣，以負剿賊之責。——經過編選之後，各府州縣皆有守禦之卒，各省兵備亦有剿賊之師。如此，便退可以守，進可以攻了。

陽明所面對的盜寇，共有三大區：

㈠漳南的盜寇：這是以福建為主，而毗連於廣東東境的一大片地方。《年譜》稱這一區的盜賊為「漳寇」。大賊首是詹師富，黃貓狸等人。

㈡橫水桶岡的盜寇：這是在江西上猶境內而毗連於湖南桂東縣境的一帶地方，是萬洋山，諸廣山綿延的大山區。大賊首是謝志珊、藍天鳳等人。謝志珊自稱征南王，與廣東樂昌的大賊高快馬互相連結，聲勢浩大。

㈢浰頭的盜寇：這是以廣東龍川縣為主，而毗連於江西龍南安遠縣境的一帶地方，是九連山綿延的山區，有上浰中浰下浰三大寨。大賊首是池仲容兄弟，池並自稱征西王。

當陽明上任途中，便聞知漳寇正熾。到任之後，一面加緊準備，一面移文贛、閩、粵三省兵備官，限期起兵，共討漳寇。在陽明沒有統兵到達之前，江西福建二省兵備官已先在漳州府境的長富村一帶與賊接戰，獲得勝利。賊寇退守象湖山，官軍乘勝追擊，而廣東兵亦趕到，正要會剿，突被賊兵偷襲，官軍陣亡指揮、縣丞各一，銳氣受挫。陽明到達之後，知象湖山極高絕險，不利正面力攻。於是進屯上杭縣城，一面密令官軍佯言犒眾退師，等秋後再行進剿，一面密探賊寇虛實，準備出奇制勝。到二月十九日，陽明親自督師，分三路奇兵，乘夜突襲，經過一天的苦戰，終於攻破了象湖大山。餘賊竄散，而可塘洞山賊首詹師富與其他數十處賊寇，仍然據險拒守，經一個多月分頭追剿，至三月下旬，亦皆陸續剿平。之後，陽明又奏請朝廷新設「平和縣」以撫鎮新民。從此，不但盤據漳南數十年的盜寇，一舉敉平，而賊人死灰復燃之機，亦徹底消弭了。

漳寇既平，朝廷於九月改授陽明提督南贛汀漳等處軍務，並給旗牌，得以便宜行事。陽明為了免於殺戮，特別寫了一篇詞旨剴切，哀憐無辜的告諭書，先行撫諭浰頭賊寇，希望他們悔悟自新。這時，橫水、桶岡諸賊，約會廣東樂昌高快馬等，大修戰具，並造呂公車，意欲先攻下南康，再踰梅嶺，乘虛攻入廣東。湖廣（湖南）巡撫請三省會兵夾攻，陽明則以為三省夾攻，曠日費時，必將徒勞無功。故主張先攻橫水，但必須先擺出進剿桶岡的態勢，使橫水賊寇心存觀望，然後出其不意，急攻橫水，必可成功。橫水破後，桶岡陷於孤立。此時乘勝攻之，自然勢如破竹。這樣，既可省兵力，又可爭取時效。於是依計行事，於十月初七分十二哨進兵，節節勝利，遂破橫水。十一月初一，又出奇兵攻入勢極險峻的桶岡大寨。然後分頭掃蕩，到十二月初旬，盤據近千里的盜寇，全數平定。大賊首謝志珊、藍天鳳等首從諸賊，皆擒斬授首。為了鎮撫地方，陽明又奏請在橫水新設「崇義縣」。

橫水桶岡既破。浰頭諸賊大起恐慌。但大賊首池仲容非常凶悍狡詐，當陽明告諭賊巢之時，諸賊頗多感動，亦有投順自新的。而池賊則說：「我等為賊非一年，官府來招非一次，告諭何足憑？」待桶岡既破，始有懼意，但仍私為戰守之備，無意自新。陽明派人賜牛酒以察其變，他還編成一套說辭，假稱龍川投誠的新民盧珂等要來襲擊浰頭，所以不得不加防範云云。陽明將計就計，一面佯言官府將派兵討盧珂，必須假道浰頭，一面密語盧珂，假裝就縛繫獄。之後，又派使者到三浰頒授曆法。使者說：你們既是自新之民，官府頒曆法，德意甚盛，怎能高坐接受，而不向官府表示歸順的誠意呢？池賊亦正欲乘機窺探官府虛實，於是親率悍酋九十二人，於十二月二十三日來到贛州，屯駐在教場裡。然後帶了幾個人去見陽明，陽明厲聲呵叱道：你投誠入見，為何又率領部屬屯駐教場，難道還對我心存懷疑嗎？池賊惶恐道：不敢，屬下在教場暫駐，只為聽候命令，並無他意。於是陽明派人將賊眾引入祥符宮中，善為接待，並且為他們換上青衣油靴，教以禮儀，以察看他們的意向，發覺這些凶殘之徒，根本沒有受感化的可能。而贛州城裡的士民亦埋怨陽明養寇貽害。過了一天，池賊便急急告辭，欲回賊巢。陽明說：從贛州到浰頭，要走七八日，已經趕不上過年了。今年贛州城裡正要為地方平靜而舉辦燈會，你們過了年回去如何？過了幾天，池賊心虛，仍不自安，又來告辭，陽明察知池賊終無自新之意，乃決計除之，就說：年節尚未犒賞，等新年大宴之後，就送你們回去。預定新年正月初三舉行大宴，初二晚上，密令甲士潛入賊眾居處，天沒亮，便將他們全部解決了。陽明愧恨不能感化他們，過午不忍下食，竟暈嘔不支。在此之前，陽明已先遣人集兵以防浰頭之變，池賊既已授首，即率軍直趨浰頭，於正月初七先攻下下浰大寨，接著上浰中浰亦相繼攻破。餘賊奔竄，逃入九連山賊巢。九連山崖壁陡峭，勢難直攻。陽明乃選精銳七百，換上賊衣，佯作奔潰，乘黃昏之時到達山賊壁下，賊人下崖招迎，官兵混入之後，迅速搶據險隘。次日天明，內應外合，擒撫兼施，九連山賊寇遂告平定。自後又分頭進擊各地數十處賊巢，至三月初旬，全數敉平。陽明為了善後之計，又奏請在浰頭新設「和平縣」以安撫新民。自此，贛粵邊境，遂化為良民之區。

自陽明到任，只費十四個月，便將為害地方數十年的巨寇一一剿滅，其用兵之神速，計慮之詳密，以及善後之周至，都是第一等的。但當陽明在征三浰之途中寫給門人的書信卻說：「破山中賊易，破心中賊難。區區翦除鼠竊，何足為異？若諸賢掃蕩心腹之寇，以收廓清之功，此誠大丈夫不世之偉績。」可見陽明對於平定盜寇，早已胸有成竹，而他念念不忘的，則是完成德性人格，裁成弟子後進，以開創文化學術之新生命。他在兵馬倥傯之中，沒有一天不講學。諸寇既平，他除了撫新民，舉鄉約，以安靖地方，疏通商稅鹽法，以紓民困，並在各地普遍設立社學（國民學校），有名的〈訓蒙大意〉便作於此時。此外，便是專心致意於講學了。為了樹立宗旨。他刻古本《大學》於贛州，其門人又刻〈朱子晚年定論〉於雩都。《傳習錄》上卷，亦在此時由門人刻印出來。四方學者，來自遠方。這時的贛南，儼然人文薈萃之區了。

南浦重來夢裡行　當年鋒鏑尚心驚
旌旗不動山河影　鼓角猶傳草木聲
已喜閭閻多復業　獨憐饑饉未寬征
迂疎何有甘棠惠　慚愧香燈父老迎
——〈南浦道中〉

㈡擒宸濠

正德十四年，陽明四十八歲。這年夏天，福州三衛軍人脅眾謀叛，陽明奉命前往勘查處理。六月初九順贛江而下，十五日到達豐城，知縣來迎，並告寧王宸濠已反。

宸濠是明朝的宗藩，世守南昌。其人奸惡有異志。正德初年，與劉瑾結納，京師內宦朝臣與地方大吏，亦多傾附。他並想暗中送第二子混為武宗之後（武宗無子），經人告發，朝廷竟置之不問，宸濠益發無忌。又鼓動窮人株連富民，刮剝財產，並縱大賊閔念四、淩十一等四出劫掠。後王瓊為兵部尚書，預料宸濠遲早必反，於是申明軍律，督責各地撫臣修治武備，戒嚴捕盜。淩十一繫獄劫逃，王瓊特令限期捕獲歸案，宸濠始知恐懼。乃暗示南昌諸生稱頌自己賢孝，要挾當道上奏。武宗見奏，驚異道：「保舉官吏，可以陞級，保舉寧王，意欲何為耶？」於是朝議紛紛，試御史蕭淮並主張「或逮繫至京，或坐名罷削」。朝廷終於決定從輕處置，派駙馬都尉崔元前往南昌曉諭，只革撤「寧王王宮護衛」了事。但宸濠派在京師的密探太驚慌了，還沒弄清事實，便把「朝廷將有懲處」的消息，星夜兼程奔告。是日宸濠生辰，正在大宴省城諸司，聞告，大驚。宴罷，召李士實、劉養正密謀，決定於次日諸司入謝時起事（原定是年中秋起事）。第二天，諸司入謝，宸濠偽稱奉有太后密旨，命他起兵監國，意欲脅逼諸司相從。結果都御史孫燧，按察司副史許逵當場被害，其餘繫牢獄，而主事馬思聰，參議王宏且絕食死於獄中。於是宸濠設官分職，傳檄遠近，正式豎起了叛幟。以上是宸濠反叛的簡單經過。

陽明在豐城聞變，即回舟，宸濠的叛兵沿岸追捕，陽明喬裝換衣得脫，經四晝夜至吉安。這時，陽明最擔心的事，便是宸濠即時舉兵進犯南京（宸濠的確如此打算），如一旦得手，朝野震撼，天下大勢便去了一半。他若再乘勝揮兵北上，朝臣武將必多持兩端以為觀望，那時再想興兵勤王，便勢難有為了。一旦凶殘登大位，天下生民必將廣受塗毒。（按：陽明倡義起兵之前與友人書有云：「此人（宸濠）兇殘忌刻，世所未有，使其得志，天下無遺類矣。」據此可知陽明之起義兵，不是基於忠於一家一姓的觀念，而是本於人道主義，保民愛民的立場。）因此，當陽明在舟中時，便與幕士蕭禹、雷濟二人設謀，假寫兩廣都御史火牌，略云：准兵部咨，本院率領狼達官兵四十八萬，前往江西公幹云云。即令雷濟等設法將此假消息飛報宸濠。臨行，雷濟曰：「寧王見此，恐未必信。」陽明曰：「不信，起疑否？」濟曰：「疑則不免。」陽明笑曰：「得渠一疑，彼之大事去矣！」（見《陽明全書．世德紀》附錄）陽明的意思，只要宸濠起疑，遲延旬日發兵，則遠近聞知，自然有備無患，而陽明自己亦可有一段準備時間，以號召忠義，起兵討賊。宸濠見了火牌，果然心生疑慮，不敢輕舉。陽明到了吉安之後，一面上疏告變，一面又分頭派人到各府州縣，假言朝廷已命許泰卻永分領邊軍四萬，從鳳陽陸路進；劉暉、桂勇分領京邊官軍四萬，從徐淮水陸路並進；南贛王守仁、湖廣秦金、兩廣楊旦，各率所部合十六萬，分道直搗南昌。陽明這樣做，是希望藉此安定地方民心。同時，又製成臘書，假稱朝廷嘉許宸濠謀主李士實劉養正二人反正歸順之誠，並要他們慫恿宸濠早日發兵東下，以便官軍半途夾擊，使他進退失據。又囑咐送書人故意送錯地方，以便被宸濠親信拿獲。宸濠見書，果然懷疑二人。次日與二人商議進兵計畫，恰好二人又異口同聲勸他儘速攻下南京以即大位，宸濠益發生疑。陽明甚至還假造了賊將閔念四、凌十一投誠官府的密狀，亦故意讓宸濠發覺。宸濠在陽明一連串的心戰攻勢下，果然舉棋不定，留兵南昌以觀變。

到了七月初三，宸濠才發覺為陽明所欺。於是，親率大軍出鄱陽，下九江，直攻安慶，只留一萬餘眾守南昌。陽明聽到消息，大喜，即時傳檄各府州縣，尅期會兵於樟樹，自己率同吉安知府伍文定，於十三日自吉安出發，十八日各地知府知縣皆率義師共趨豐城。此時，有人主張先救安慶之圍，陽明不以為然。他認為如果先救安慶，賊兵必然回軍死鬥，而南昌留守之叛賊斷我後路，勢必腹背受敵，加上九江賊眾攔腰殺來，我軍必不能支。如今南昌賊兵單薄，而我軍先聲所加，必可攻下南昌。南昌是宸濠的根本，南昌有事，他必然自解安慶之圍，回兵救南昌。那時，我軍在鄱陽湖迎頭痛擊，沒有不勝的道理。計議既定，遂於十九日誓師，二十日，一鼓作氣便攻克了南昌。宸濠聞變，果然回師來救。二十三日賊兵先鋒已至樵舍，風帆蔽江，連綿數十里，陽明督師乘夜趨進，二十四日早，賊船直逼黃家渡，二軍接戰，賊眾大敗，退守八字腦。二十五日，賊兵在宸濠的懸賞激勵下，盛氣挑戰，因風勢不便，官兵少挫，陽明急令斬先退者。前鋒伍文定立於銃砲之間，火燃其鬚，仍不退，於是將士用命，殊死並進，一砲打到宸濠的座舟，濠退走，賊遂大敗，不得已退回樵舍。而這天夜裡忽刮大風，陽明乃令急募輕舟四十，滿載燃料，預備火攻。二十六日晨，偽臣正朝見宸濠議事，爭論不決，忽報官軍到了。此時，賊船業已連舟結成方陣，陽明的火船乘風而進，勢如燎原，賊眾潰散，赴水而死的不計其數。宸濠慌亂間逃避不及，終於與世子偽官等五十餘人，一起受縛。陽明又派兵追剿餘賊，九江等地亦先後收復。

當宸濠事變傳到京師的時候，朝臣個個震恐，只有兵部尚書王瓊大言道：「王伯安居上游，必能擒賊。」（伯安，陽明之字）陽明亦終於擒獲了宸濠。而且陽明此番擒獲叛王，原先沒有一兵一卒，亦沒有朝廷的詔命，他純粹是「倡義」，響應起兵的亦只是一些江西地方的知府知縣，而竟然自聞變至擒賊，僅僅費時四十日，便把一場震撼天下的大叛亂敉平了。他的智計、謀略、膽識、定力，固然令人欽羨，而實際上則是由於他的真誠惻怛之情，不忍凶殘得逞，不忍生靈塗炭，才奮其大智大仁大勇，而成此不世之功業的。

然而，大亂雖平，風波未息。那些原先與宸濠有來往有勾結的內官朝臣，生怕陽明揭發他們的隱惡，百端讒毀陽明；而武宗近側的佞倖張忠許泰，更因羡妒陽明功勳，一面讒言陽明要造反，一面又慫恿武宗令陽明將宸濠放回鄱陽湖，讓武宗親征戰獲。種種荒唐、橫戾、淩逼、傾擠、讒毀、陷害之事，接踵而至，危疑洶洶者幾達二年之久。論者以為「平藩之事，不難於成功，而難於倡義；不難於倡義，而難於處忠泰之變。」（見《年譜》）陽明在「顛風逆浪，灘流悍急」中經歷了宸濠之亂、忠泰之變，更加相信他的良知之說，足以「忘患難，出生死」。因為良知知是知非，知善知惡，只要依這良知行，自然物來順應，一切中理。人到此地步，隨時心安，隨事理得，生死患難，便自然置之度外了。所以五十歲時，陽明便在南昌正式提出「致良知」三字為講學宗旨。

這一年，武宗崩，世宗即位，敕令陽明進京，準備親予召用。而二三輔臣，惟恐陽明因大功而位出己上，從中阻梗，說什麼武宗國喪，不宜行賞宴之事云云。陽明對於現實政治本已不感興趣，便上疏懇求歸鄉省親。朝廷乃陞他為南京兵部尚書，參贊機務，准令歸省。第二年陽明又遭父喪，自此便專意講學，不事他求了。

(三)平思田

四十年前夢裡詩　　此行天定豈人為

徂征敢倚風雲陣　所過須同時雨師
尚喜遠人知向望　卻慚無術救瘡痍
從來勝算歸廊廟　恥說干戈定四夷

——〈謁伏波廟二首〉之一

世宗嘉靖六年五月，陽明五十六歲。朝廷又命他以南京兵部尚書兼都察院左都御史，往征思田。

思恩與田州，地在廣西西北境。原先土酋岑猛作亂，提督都御史姚鏌用兵征討，擒獲了岑猛父子，朝廷亦已降敕論功行賞完畢。但因善後不當，岑氏舊部盧蘇、王受二人，又煽惑苗猺為亂，攻陷思恩。姚鏌聯合四省之兵前往征討，竟然久而無功，受到巡按御史石金的疏劾。於是朝臣薦舉陽明總督兩廣及江西湖廣四省軍務，度量事勢，隨宜撫剿。陽明於九月出發，十一月二十日在廣西梧州開府。他沿途諮訪，頗有所聞，乃上疏朝廷，其要點大略如下：

㈠廣西苗猺之亂，由於軍政日壞，處理不善。因兩廣軍門，每逢有急，便調發苗猺之眾以任攻戰，累年奔走道路，不得顧其家室。事平之後，則又功歸於上，恩賞不及，自然憤恨不平。

㈡岑猛父子為亂，雖有可誅之罪，而盧蘇王受二人，實非奸惡之徒。只因官府處置不當，官軍又攻之太急，走投無路，不得已負隅頑抗而已。

㈢為今之計，度理量情，宜先釋二人不死之罪，開其自新之路。苟能歸順降服，自當息兵罷餉，以休養瘠痍之民，安撫蠻夷之心。

㈣田州南接交趾，其間深山絕谷，皆苗猺之所盤踞，必須保存土官，乃可藉其兵力，以為中土屏蔽。若盡殺其人，改土歸流，則邊鄙之患，我自當之。如此，無異自撤藩籬，實非久安之計。

陽明此疏，可謂深切周至。疏奏十二月初一發出，初二又奉命兼兩廣巡撫。次年正月，陽明進駐南寧，立即下令盡撤防守之兵，只留數千湖南土兵，解甲暫駐，以備緩急，盧蘇王受見朝廷並無必殺之意，便有了投生之念。於是具名陳情，悔罪投降，並即派人向陽明訴說苦情，願意掃境投生，只求免死。陽明應允。於是盧王二人於二月中親率一萬七千餘眾至南寧城下，分屯四營。然後囚首自縛，與頭目數百人前赴軍門候命。陽明下令將盧王二人各杖一百，而後解縛，並告諭道：

今日免爾等一死，乃朝廷天地好生之仁；杖爾示罰者，則我等人臣執法之義。

於是眾人叩首悅服。陽明亦隨至城下四營，親加撫慰。自頭目以下，皆感激再生之恩，誓以死報，並願候命殺賊，立功贖罪。陽明又顧念他們久離鄉土，家園荒殘，囑即返鄉，各復生業。於是歡聲雷動，感激涕零而去。連年大軍征剿不服的蠻夷，不折一矢，不戮一人，就這樣順順當當地平服了。《論語》所謂「綏之斯來，動之斯和」，本是讚頌聖人的話，而陽明晚年的學養造詣，亦庶乎進到這種境界了。

思田既平，尚有八寨與斷藤峽數萬蠻賊，南通交趾諸夷，西接雲貴諸蠻，東北與牛場、仙臺、花相、風門、佛子及柳慶、府江、古田諸猺，迴環連絡，流毒二千餘里。思田事畢，陽明便因湖南土兵歸師之便，另調發思田之眾各七八千人，出其不意，分頭進擊八寨斷藤，自明初以來，一百六十年屢征不服的蠻賊，終於一舉蕩平。陽明此舉，沉機不露，舉重若輕，既沒有大事調兵，又沒有徵集糧餉，更沒有驚動百姓。而且事後隨即相度地勢要害，改立衛所，開設縣治，興辦學校，而永遠根絕了兩廣地方的禍亂之源。真可說是「澤及一方，德垂後世」了。

但陽明以衰年疾病之軀，久處南方瘴毒之地，又為勘察地形，建造新城，登山涉水，冒暑奔勞，後來病發不能行走，仍然乘轎而從事。到了十月，疾病加劇，於是上疏告歸。就在這一年的十一月二十五日，在歸途中卒於江西南安（今大庾縣）。臨終的時候，門人問遺言，答道：

此心光明，亦復何言！

須知一個光輝潔白的人格，他一生的言行事業，句句是遺言，事事是遺範。陽明臨終的話，正是他一生最恰當的表白。這樣的人物，是永遠令人仰念不置的。

第十章　陽明的人格與風格

第一節　以講學從事思想運動

「思想運動」是近代名詞，古人只說講學論道。但宋明儒的講學，實質上即是一種啟迪多士以開發文化新生命的思想運動。而這亦正是孔孟傳統。王陽明的時代，正當西方文藝復興❶，是現代歐洲覺醒的時期。而在中國，則

❶ 按：西元一四五三年（陽明出生前十九年），東羅馬亡，希臘學者多避難於義大利，以講授古典為業，終於促成文藝復興（意為再生）運動。論者以人文主義、航海冒險、民族國家三者，為文藝復興之三大主潮。

明朝的絕對王權反常的嚴酷。明太祖起自微賤，畏忌讀書人，胡惟庸案之後，殘刻益甚。他廢宰相制度，改大臣立答為跪對，並發明廷杖，設立錦衣衛，至成祖更以宦官主持東西廠。明代名臣很少有不受廷杖的，陽明亦不例外。太祖又發明八股，提倡程朱之學。成祖更敕修四書五經大全。憲宗成化年間，八股又限於四書。天下英雄雖已入彀，但士大夫之無知與無恥亦因此而不堪問，結果只造成「一夫為剛，萬夫為柔」之局面。其中不甘以八股自闒的，不是逃於秦漢盛唐之詩文，便是從事於宋儒之理學。但明初之理學亦只是拾程朱之餘唾，並不能承接程朱之真精神，所以亦奄奄無生氣❷。才智較高的如陳白沙，則不求聞達，而別求其「吾與點也」之樂。在這沉悶凝固的空氣中，陽明的良知之說，真是如雷鳴、如閃電、如甘霖，故能震動一世，而風行天下。

陽明不信二氏，亦不滿朱子，以為兩者皆「析心與理而為二」❸，與聖人之學

---

❷ 按：篤守朱學之薛瑄嘗云：「考亭（朱子）以還，斯道業已大明，無煩著作，直須躬行耳。」然英宗復辟，他已為大學士，而對於于謙之冤獄，卻只能嘆息，而不敢有所「躬行」，以盡援救之義。

❸ 見〈象山文集序〉。已略引述於上第八章第一節，請參看。

不同。他奇怪當世學者重於背朱而輕於叛孔，乃大聲疾呼：

道，天下之公道也；學，天下之公學也。非朱子可得而私，非孔子可得而私也。學貴得於心。求之於心而非也，雖其言之出於孔子，不敢以為是也，而況其未及於孔子者乎？求之於心而是也，雖其言之出於庸常，不敢以為非也，而況其出於孔子者乎。（《傳習錄》中，〈答羅整菴少宰書〉）

關於陽明成學的過程以及在各階段講學的宗旨，已見第一章，而陽明之學說與事功亦已見以上各章所述。這裡只就他講學的用心再作說明。

錢緒山在《傳習錄》中卷之前有一段弁語，說到陽明「平生冒天下之非詆推陷，萬死一生，遑遑然不忘講學，惟恐吾人不聞斯道，流於功利機智，以日墮於夷狄禽獸而不覺。其一體同物之心，譊譊終身，至於斃而後已。此孔孟以來賢聖苦心，雖門人子弟未足以慰其情也。是情也，莫詳於答聶文蔚之第一書。」此書有云：

夫人者天地之心，天地萬物本吾一體者也。生民之困苦塗毒，孰非疾病之切於吾身者乎？不知吾身之疾痛，無是非之心者也。是非之心，不慮而知，不學而能，所謂良知也。良知之在人心，無間於聖愚，天下古今之所同也。……

後世良知之學不明，天下之人用其私智以相比軋，是以人皆有心，而偏瑣僻陋之見，狡偽陰邪之術，至於不可勝說。外假仁義之名，而內以行其自私自利之實。詭辭以阿俗，矯行以干譽；揜人之善而襲以為己長，訐人之私而竊以為己直；忿以相勝而猶謂之徇義，陰以相傾而猶謂之疾惡；妒賢忌能而猶自以為公是非，恣情縱欲而猶自以為同好惡；相陵相賊，自其一家骨肉之親，已不能無爾我勝負之意與彼此藩籬之形，而況於天下之大，民物之眾，又何能一體而視之？則無怪紛紛籍籍而禍亂相尋於無窮矣。

僕賴天之靈，偶有見於良知之學，以為必由此，而後天下可治。是以每念斯民之陷溺，則為之戚然痛心，忘其身之不肖，而思有以救之，亦不自知其量者。天下之人見其若是，遂相與非笑而詆斥之，以為是病狂喪心之人耳。嗚呼，是奚足恤哉！吾方疾痛之切體，而暇計人之非笑乎？……

僕之不肖，何敢以夫子之道為己任；顧其心已稍知疾痛之在身，是以傍徨四顧，將求其有助於我者，相與講去其病耳。今誠得豪傑同志之士，扶持匡翼，共明良知之學於天下，使天下之人皆知自致其良知，以相安相養，去其自私自利之蔽，一洗讒妒勝忿之習，以濟之於大同；則僕之狂病固將脫然以愈，而終免於喪心之患矣，豈不快哉。

陽明此書論良知之學不明之弊，最為慨深痛切：

㈠用私智則不公，故阿比以相傾軋。
㈡外假仁義之名，以行私利之實。
㈢詭譎其辭以阿順世俗。
㈣矯飾其行以干求時譽。
㈤掩取他人之善以為自己之長。
㈥攻訐他人之私以為自己之直。
㈦以逞忿相勝為徇義。
㈧以陰險傾軋為疾惡。
㈨妒賢忌能而自以為公是非。
㈩恣情縱欲而自以為同好惡。

(十一)骨肉之親而猶分你我、鬥勝負。

(十二)於天下民物，不能視為一體而休戚相共。

總之，人欲熾張，天理澌滅，社會沒有真人品、真學術，亦因而沒有真是非、真功業。天下紛紛籍籍而禍亂相尋，都是由於良知之學不明，而思想封閉、人心僵化之故。

良知不是別的，它就是我生命中的一點靈根，就是「聯屬家國天下而為一體」的一體之仁。「念斯民之陷溺，則為之戚然痛心」，而思救之於水火，這正是吾心之仁（良知之天理）不容自已的惻隱之情與悲憫之懷。但救天下不能「援之以手」，而必須「援之以道」（孟子語）。致良知就是這個救己救人的道。陽明講學的用心，即是要團聚豪傑同志之士，共同講明良知之學，使天下人都能自致其良知，以去其自私自利之蔽與讒妒勝忿之習，以相安相養、成己成物，而進世界於大同。這樣講學，是講之以身心，是講的「生命的學問」。因為天下一切價值功業之成就，都必須從「端正心向」「清澈生命」開始。有真人，才能有真事。陽明講的，正是這大人之學，大丈夫之學❹；是要人自知「個個心中有仲尼」（陽明〈詠良知〉詩句），以奮

❹《孟子・滕文公下》篇云：「居天下之廣居，立天下之正位，行天下之達道；得志與民

其自尊自信之心，而來堂堂地做個人❺。而其終極的目標，則正如張橫渠所說，是要「為天地立心，為生民立命，為往聖繼絕學，為萬世開太平」。這寥寥數語，的是王道之大端，而亦是思想運動與人類理想之正鵠。

陽明痛斥當時訓詁、記誦、詞章、名利之惡習與士大夫之奸私無恥❻，而思以精誠惻怛之仁的覺醒而移易之；在政治上，他為平民立言，而反抗專制；此皆表示

由之，不得志獨行其道。富貴不能淫，貧賤不能移，威武不能屈。此之謂大丈夫。」

❺ 按：鄒東廓撰〈陽明文錄序〉，有云：「當時有稱先師者曰：『古之名世，或以文章，或以政事，或以氣節，或以勳烈，而公克兼之；獨除卻講學一節，即全人矣。』先師笑曰：『某願從事講學一節，盡除卻四者，亦無愧於全人。』」所謂堂堂地做個人，即是要做個「全人」。然事事皆能，樣樣俱備，只是多才多藝，只是器能之士，非所謂全人也。子曰：「君子多乎哉？不多也。」又曰：「君子不器。」文章、政事、氣節、勳烈，皆屬器能。此須隨分成就，可多可少（多之以為美，少之以為貴）。而講學則是要立本，本立而道生。致吾心良知之天理於事事物物，多少文章政事氣節勳烈成就不得！講學立本是體，文章政事等等是用。承體以起用，當成就的，終必一一成就。堂堂地做一個人，亦即是堂堂地做一世事。如此，亦何愧於全人乎？

❻ 請參看《傳習錄》中，〈答顧東橋書〉後段拔本塞源之論。

他講學的時代意義，亦有文化意識與客觀意識。王學之風行天下，亦正表示人心之不死與文化心靈之活躍。但流於泰州學派，則義理規範既有不足，而文化意識與客觀意識亦未彰顯。泰州派下，多主樂、主自然、主活潑，灑脫自在，衝破格套，此非豪傑之士不能，亦有大浪漫性含於其中。而且「其人多能以赤手搏龍蛇」❼。有俠氣、有血性、有性情、有家國天下之情，這本可以見諸行動，發為事業；而終於不能者，實由客觀理想與客觀精神不具備之故。而後有東林之起，然亦只成賢人君子與官宦小人之直接搏鬥，結果是在大激盪中造成人才之摧殘與國力之孱弱。到了晚明，顧、黃、王諸大儒，秉其強烈之文化意識與政治意識，反省歷史文化之傳統而要求開「外王」之大業，客觀理想與客觀精神同時透顯。可惜時機已晚，滿清入關，大明淪亡，他們正大而健康的理想受到嚴重的壓抑，只有著書寄望於後世。而自閻若璩之徒效順滿清，士風趨下，華族之文化生命與學術精神遂亦日漸泯喪而至於斬絕，而滿清二三百年竟成為中華民族毫不表現文化創造力之時期，這才真是華族的大不幸。

❼ 黃梨洲語。見《明儒學案》卷三十二，〈泰州學案一〉。

附 識

胡秋原先生論陽明之學，別有會心，他採取中西文化思想比較對照之觀點，以論王學之時代意義及其廣大深遠之影響，言多警策，而可開廓讀者之心胸。見其所著〈復社及其人物〉與〈王陽明誕生五百年〉。(《中華雜誌叢刊》)

第二節 狂者胸次

陽明是聖賢中的狂者。他的一生，用世而不阿時，自持而不隱世。處貧賤富貴夷狄患難之中，無入而不自得❽。其真誠惻怛，光明俊偉，誠不愧「陽明」二字(胡秋原先生語)。何以能然？曰：自尊自信其為人之價值而已。受他薰陶之人，亦皆能真誠篤實，無闇然媚世之習。陽明以亟諫貶謫，後以書生定亂，疑謗紛來，泰然處之無事。其弟子多遭困戮，亦能從容就義而無悔❾。

❽《中庸》云：「君子素其位而行，不願乎其外。素富貴行乎富貴，素貧賤行乎貧賤，素夷狄行乎夷狄，素患難行乎患難。君子無入而不自得。」按：君子只因其現在所居之位而為其所當為，一切義之與比，惟理是從。故不希慕於外，而能隨時隨事而心安理得。

《傳習錄》下載：

薛尚謙、鄒謙之、馬子莘、王汝止侍坐❿，因嘆先生自征寧藩已來，天下謗議益眾，請各言其故。有言先生功業勢位日隆，天下忌者日眾；有言先生之學日明，故為宋儒爭是非者亦日博；有言先生自南都以後，同志信從者日眾，而四方排阻者日益力。

先生曰：「諸君之言，信皆有之；但吾一段自知處，諸君俱未道及耳。」諸友請問，先生曰：「我在南都已前，尚有些子鄉原的意思在；我今信得這良知真是真非，信手行去，更不著些覆藏；我今才做得個狂者的胸次，使天下之人都

---

❾ 如鄒謙之，嘗從陽明征宸濠，反而屢遭遷謫。又冀元亨以奉陽明之命，赴藩邸答宸濠問學，濠敗，忌陽明者欲藉元亨以陷之，遂逮元亨至京師，備受拷訊，無片語阿順。在獄中與囚徒講學如平日。科道交章頌冤，及世宗即位，詔將釋。而元亨前已得病，後五日卒於獄。《陽明年譜》四十九歲下有專條記其事。

❿ 按：四人皆陽明弟子，薛、鄒二人已見前註。馬明衡，字子莘，福建莆田人。王艮，字汝止，號心齋，江蘇泰州人。見《明儒學案》卷三十二，〈泰州學案一〉。

說我行不揜言也罷。」尚謙出曰：「信得此過，方是聖賢真血脈。」

按：寧藩，指寧王宸濠。陽明擒宸濠事，已詳見上章第三節。亂平之後，讒謗四起，天下洶洶者一年有餘。此何以故？門人所說，是從謗議者那方面想；陽明所說，則是從自己這方面想。所謂「南都已前」，大體指四十五歲以前。陽明於四十三歲為南京鴻臚寺卿，四十五歲受命巡撫南贛汀漳等處。行前，友人王思輿對人說：「陽明此行，必立事功。」人問何以知之？答道：「吾觸之不動矣！」觸之不動，即是孔子「四十而不惑」，孟子「四十不動心」之意。人能將利害榮辱生死禍福……置之度外，一切「直道而行」，事事「義之與比」，便自能觸之不動。這亦就是文中所謂：「信得這良知真是真非，信手行去，更不著些覆藏。」若是掩飾覆蓋，隱蔽藏私，便不是良知之真是非。一切只依良知真是非而行，不委曲，不敷衍，沒有瞻顧，沒有迴護，便是「狂者胸次」，而亦是所以招致讒謗的真正原因。

狂狷與鄉原的討論，首見於《論語》與《孟子》。在聖賢人物中，伊尹可說是聖之狂者，伯夷可說是聖之狷者，而孔子則是聖之時者。時即時中，亦即合乎中道之意。至於鄉原，則不可與入道德之門。所以孔子說：「過我門而不入我室，我不憾焉者，其唯鄉原乎！鄉原，德之賊也。」⓫《陽明年譜》五十二歲下，載有陽明與弟子論鄉原與狂狷之辨一段文字，甚能推闡孟子之意，茲錄於下：

請問鄉原狂者之辨。曰：「鄉原以忠信廉潔見取於君子，以同流合污無忤於小人。故非之無舉，刺之無刺。然究其心，乃知其忠信廉潔，所以媚君子也；同流合污，所以媚小人也。其心已破壞矣，故不可與入堯舜之道。狂者志存古人，一切紛囂俗染，舉不足以累其心，真有鳳凰翔於千仞之意。一克念，即聖人矣。惟不克念，故闊略事情，而行常不掩。惟其不掩，故心尚未壞，而庶可與裁。」曰：「鄉原何以斷其媚世？」曰：「自其譏狂狷而知之。狂狷不與俗諧，而謂生斯世也，為斯世也，善斯可矣；此鄉原之志也。故其所為，皆色取不疑，所以謂之似。三代以下，士之取盛名於時者，不過得鄉原之似而已。然究其忠信廉潔，或未免見疑於妻子也。雖欲純乎鄉原，亦未易得，而況聖人之道乎？」曰：「狂狷為孔子所思，然至於傳道，終不及琴張輩而傳曾子，豈曾子亦狷者之流乎？」先生曰：「不然。琴張輩，狂者之禀也；雖有所得，終止於狂。曾子，

⓫ 見《孟子・盡心下》篇。後世凡論及狂狷與鄉原，皆以《孟子》此章為據。

中行之稟也，故能悟入聖人之道。」

又據《年譜》，陽明自江西歸越，學徒來自四方。中秋之夜，陽明設席，宴門人於天泉橋。飲酒半酣，歌聲漸動。久之，或投壺聚算，或擊鼓，或泛舟。陽明見諸生興致熱烈，乃退而作詩二首：

萬里中秋此月明　四山雲靄忽然生
須臾濁霧隨風散　依舊青天此月明
肯信良知原不昧　從他外物豈能攖
老夫今夜狂歌發　化作鈞天滿太清（其一）

處處中秋此月明　不知何處亦群英
須憐絕學經千載　莫負男兒過一生
影響尚疑朱仲晦　支離羞作鄭康成
鏗然舍瑟春風裡　點也雖狂得我情（其二）

前一首一二句寫景，三四句則承上二句而轉為借喻，濁霧隨風散，是喻利欲俗見一掃而空；青天此月明，是喻良知心體之朗現明照。攖，擾亂也。良知呈現作主，自能明辨是非善惡，不受外物擾亂。鈞天，《呂氏春秋》：「中央曰鈞天。」太清，天也，亦即太虛之意。良知即天理，良知之感應，徹通物我內外。心充滿宇宙，理亦充滿宇宙。（黃梨洲〈明儒學案序〉云：盈天地皆心也。）故末句曰「化作鈞天滿太清」。後一首五六句意謂朱子析心與理為二，於聖人之道猶在影響之間，至於鄭玄注疏之業，太涉支離，未能發明道之本真，故不屑為。最後二句則是本於《論語》「吾與點也」章而言。陽明見群弟子投壺擊鼓，行舟放歌，有如曾點之春風舞雩，舍瑟鏗然；雖疏狂而可與入道，故曰「得我情」也。次日，諸生入謝，陽明又有一段曉示的話：

昔者，孔子在陳，思魯之狂士。世之學者，沒溺於富貴聲利之場，如拘如囚，而莫之省脫。及聞孔子之教，始知一切俗緣，皆非性體，乃豁然脫落。但見得此，不加實踐以入於精微，則漸有輕滅世故，闊略倫物之病；雖比世之庸庸瑣瑣者不同，其為未得於道，一也。故孔子在陳，思歸以裁之，使入於道耳。諸君講學，但患未得此意，今幸見此，正好精詣力造，以求至於道，無以一見自足，而終止於狂也。

按：狂者精神，最能超脫凡俗，卓然挺拔，但如不在事上磨練，以入於精微篤實，則漸有「輕滅世故，闊略倫物」之病。故陽明雖發狂歌，而又諄諄告誡學者，不可一有見而自足，止於狂而不進。

陽明還有一首〈文殊臺夜觀佛燈〉之詩：

老夫高臥文殊臺　拄杖夜撞青天開
散落星辰滿平野　山僧盡道佛燈來

此詩文義易解，全詩只是一個「狂」字。但聖門「狂者胸次」正不易得。故孔子「不得中行而與之，必也狂狷乎！狂者進取，狷者有所不為也。」⓬狷者有所不為是「有所不為」的精神。

⓬ 見《孟子・盡心下》篇。按：狂者進取有為，能行道；狷者有所不為，能守道。所謂「行一不義，殺一不辜，而得天下，不為也」，即是狷者有所不為之精神。故狷者與狂者皆為孔子所取。

守」，有守是立得住；狂者進取是「有為」，有為是行得去。必有守而後乃能有為，有守有為乃能進於中道，登入聖域。此徹頭徹尾，徹裡徹外，只是一個「真」，假不來的⑬。至於一般名士文人之狂，則大體是肆無忌憚的假張狂，不足算也。唯青年之狂氣，卻是生命之昂揚，只要不裝腔作勢，不流於狂妄蹈虛，則亦是自尊上進之徵。

第三節　敬畏與灑落

人不可以肆無忌憚，故應有「敬畏」之感。沒有敬畏感的人，或者放縱恣肆，或者軟塌頹墮，這都是輕賤自己。反之，有敬畏感的人，必然朝夕惕厲，自尊自貴，所以敬畏之感乃是一種高貴的情操。但常人總覺得當敬畏之心增強時，則心懷便無法灑落。於是乃有「敬畏之增，不能不為灑落之累」一問題之提出。

《陽明年譜》五十三歲下載：

⑬ 按：近世師儒中，熊十力先生最表現大人狂者氣象。熊先生字「子真」，近時臺灣報刊常誤稱為「子貞」，非是。

舒國用⑭有「敬畏累灑落」之問。先生曰：「君子之所謂敬畏者，非有所恐懼憂患之謂也，戒慎不睹、恐懼不聞之謂耳。君子之所謂灑落者，非曠蕩放逸之謂也，乃其心體不累於欲，無入而不自得之謂耳。夫心之本體，即天理也。天理之昭明靈覺、所謂良知也。君子戒懼之功，無時或間，則天理常存；而其昭明靈覺之本體，自無所昏蔽，自無所牽擾，自無所歉餒愧怍；動容周旋而中禮，從心所欲而不踰，斯乃所謂真灑落矣。是灑落生於天理之常存，天理常存於戒慎恐懼之無間，孰謂敬畏之心反為灑落累耶？」

按：《大學》云：「心有所恐懼，則不得其正；有所憂患，則不得其正。」《中庸》云：「君子戒慎乎其所不睹，恐懼乎其所不聞。莫見乎隱，莫顯乎微。故君子必慎其獨也。」陽明之意，君子之所謂「敬畏」，不是《大學》所說的「有所恐懼」「有所憂患」；而是《中庸》所說的「戒慎不睹，恐懼不聞」。換言之，敬畏亦就是慎獨的意思。君子之所謂「灑落」，亦不是從風貌意態上看，而是從心體上說。平常

⑭ 舒栢，字國用。嘗致書陽明，謂「敬畏之增，不能不為灑落之累」，陽明作書答之。其詳見《陽明全書書錄》卷二。

所謂任放、流蕩，固然不是灑落，而瀟灑、飄逸，亦仍然不是灑落。凡是氣質上的清新俊逸，丰神絕俗，超出塵表，全都不是陽明所謂灑落。唯有心體瑩澈，天理常存，物來順應，不累於欲，隨時隨事皆自得，從心所欲不踰矩；如此，乃能謂之灑落。

依陽明，心之本體，即是「天理」，天理之昭明靈覺，即是良知。而君子之「戒慎恐懼」，是要常常保存心體之靈昭不昧——這是無時或已，不容間斷的工夫。果能無所間斷，則良知常明，天理常存。此時，心體是瑩澈而貞定的，是好惡皆得其正的，是廓然大公、物來順應的。到得這個地步，自然無所「昏蔽、牽擾」，無所「歉餒、愧怍」，而其發用流行，自能「動容周旋而中禮，從心所欲而不踰」，這就是真灑落。

總之，「灑落」生於「天理之常存」，天理又常存於「戒慎恐懼之無間」，而戒慎不睹恐懼不聞即是「慎獨」，慎獨即是「敬畏」。如此，則「敬畏」何足為「灑落」之累？但問者之所以認「敬畏之增，不能不為灑落之累」，其故亦可得而言：問者之所謂「敬畏」，不是指《中庸》「戒慎不睹，恐懼不聞」的戒慎恐懼，卻反而是就《大學》「心有所恐懼，有所憂患」的恐懼憂患而言。心既有所恐懼憂患，有所好樂忿懥

（注意有所的「所」字），則其心便已為外物所牽累而不平不正矣。這個時候的敬畏，只是緊張、強制，所以愈用敬畏，則愈不灑落。反之，若就《中庸》之戒慎恐懼而言，則所謂「敬畏」，只是存養吾心良知之天理，常保其昭明靈覺，勿使昏昧放逸，便自然無所牽擾，而灑脫自在；如此，則「敬畏」與「灑落」自能相貫而一致。所以陽明說：

爾那一點良知，是爾自家底準則。爾意念著處，他是便知是，非便知非，更瞞他一些不得。爾只不要欺他，實實落落依著他做去，善便存，惡便去，他這裡何等穩當快樂！」（《傳習錄》下）

不要欺瞞它，便是敬畏；穩當快樂，便是灑落。後來泰州派便專從「灑落」一面說話。王艮（心齋）特別作了一首〈樂學歌〉⓯：

人心本自樂，自將私欲縛。私欲一萌時，良知還自覺。一覺便消除，人心依舊

⓯ 見《明儒學案》卷三十二，〈泰州學案一〉，〈心齋語錄〉。

樂。樂是樂此學，學是學此樂。不樂不是學，不學不是樂。樂便然後學，學便然後樂。樂是學，學是樂。嗚乎！天下之樂何如此學，天下之學何如此樂。

因此，平常、自然、灑脫、樂，這種看似平常而實為最高的境界，便成為泰州派下的特殊風格。他的兒子王東崖⑯亦承繼父風，一傳再傳，終於演變而為狂蕩一路。他們說道理亦並不錯，但真要體現那似平常而實為最高的境界，極不容易；一有走作，便是「情識而肆」。所以那些話不宜多說，否則，便只是玩弄光景⑰。雖然「良知現成、何思何慮」，但亦必「終日乾乾、對越在天」⑱。「灑落」與「敬畏」二者必須和諧統一，方是儒者之學。

⑯ 王襞，字宗順，號東崖，王艮之仲子。師事王龍溪與錢緒山，而繼承家風為多。見《明儒學案》卷三十二。

⑰ 關此，請參看牟先生〈王學的分化與發展〉下篇第二節，其論泰州派之特殊風格與羅近溪之以破光景為其學問之勝場，義皆精徹。見《新亞書院學術年刊》第十四期。

⑱ 按：此義請參看上第八章第二第三兩節。

第四節 詩境：寂樂交融

陽明氣質剛毅，胸懷坦蕩。他的詩不作一句呻吟語、寒傖語，更沒有酸氣、腐氣、迂氣、俗氣。他平定思田之亂而積勞成疾，在歸途中卒於江西南安。門人問遺言，陽明曰：「此心光明，亦復何言！」詩是性情的流露，詩教即是性情之教。但必須此心光明，乃能有真性情。陽明一生在光明中行，在性情中行，行藏心跡，神人共見，何須遺言？這最後二句話，正是他一生學行的表白。孟子曰：「讀其書，誦其詩，不知其人可乎！」知其人，而後可以誦其詩。誦其詩，而後乃能得其境。但「如人飲水，冷暖自知」。若不是會心人，又怎能滴滴在心頭？茲取陽明十首詩，略作解說，一得之愚，或者亦不無可採之處耳⑲。

(一)〈泛海〉

險夷原不滯胸中　何異浮雲過太空

⑲ 按：此所錄陽明詩十首，係依其寫作之年序依次排列。

夜靜海濤三萬里　月明飛錫下天風

明代太監弄權，陷害忠良，陽明仗義上疏直諫，因而得罪宦官劉瑾，下了牢獄，隨後並被貶謫到貴州龍場為驛丞。在赴謫途中，劉瑾派人跟蹤，意欲加害，陽明警覺，託言投江而逃。本想泛海遊舟山，遇大風，船漂流到浙閩邊界，登岸，宿於山中野寺，乃題此詩於寺壁上。夷、平也。前二句的意思是說，人生之險阻平順，皆不在意；功名富貴，只如掠過太空的一片浮雲而已。海濤三萬里，是說泛海途中風浪之洶湧，但加上「夜靜」二字，卻有風平浪靜之感。飛錫、僧人所用手杖。據《釋氏要覽》：「今僧遊行，嘉稱飛錫。此因高僧隱峰遊五臺，出淮西，擲錫杖飛空而往也。」陽明心懷豁達，故此詩氣宇不凡，意境超絕。而末句借典故為喻，寫夜空月明，天外飛臨，尤見瀟灑之致。

(二)〈袁州府宜春臺四絕〉之一

臺名何事只宜春　山色無時不可人
不用煙花費粧點　儘教刊落儘嶙峋

袁州府治，在今江西宜春縣。陽明赴謫途中，過此而登臺。首句用反詰法，筆意甚高。大地景色，有三春煙花妝點，固然甚美。其實「山水有清音」，何時不可人？只看人善觀不善觀耳。嶙峋、山勢突兀起伏之貌。意思是說，越是刊落妝點，越顯得骨格突露，氣貌凜然。而世間之科名、學位、富貴、權爵……全是妝點，有了這些，自是人生之福，但刊落這些，則更易使人之真面目真品性凸顯出來。此詩託物抒懷，無異陽明自己之寫照。

㈢〈贈劉侍御二首〉之一

相送溪橋未隔年　相逢又過小春天
憂時敢負君臣義　念別羞為兒女憐
道自升沉寧有定　心存氣節不無偏
知君已得虛舟意　隨處風波只晏然

此詩作於謫居龍場之時。前四句是贈別敘情，互相慰勉之語。意思在後四句。詩前小序有云：「蹇以反身，困以遂志。」蹇、困，皆《易》卦名。〈蹇卦・象辭〉

云：「蹇、難也，險在前也。見險而能止，知（智）矣哉！」〈困卦．象辭〉云：「困、君子以致命遂志。」陽明自從居夷處困，動心忍性，深深體驗到道之行否，關乎時運，或升或沉，並無定常。氣節之士，激昂慷慨，仗義犯難，以「有道則見，無道則隱」之義衡之，似乎不無偏執。實則，所偏者並不在「氣節」，而只在「存心」。人若「心存」氣節，便已著了一分意思，而不是由良知天理而行。人遇險困，或「反身而知止」，或「致命以遂志」，皆只為討個是非明白，而不是心有所執。人如理會得莊子「虛舟」之意，自可不因得失榮辱而易其志。莊子云：「方舟濟於河，有虛船來觸舟，雖有褊心之人，不怒。」君子守道行義，對於橫逆之來，皆視同虛船；只要反身而誠，自然天君泰然，心安理得。

㈣〈武陵潮音閣懷元明〉

高閣憑虛臺十尋　捲簾疏雨動微吟
江天雲鳥自來去　楚澤風煙無古今
山色漸疑衡嶽近　花源欲問武陵深
新春尚沮東歸楫　落日誰堪話此心

湛若水，字元明，號甘泉，廣東增城人。他與陽明一見定交，論學雖有出入，但始終互相愛重。陽明龍場謫期屆滿，陞廬陵知縣。他自貴州入湖南，順沅水而東，至武陵，登潮音閣。只見臺閣憑虛，簾捲疏雨，不覺引動詩情。江天上，雲霞飛鳥，自來自去；楚澤中，微風輕煙，無古無今。忽又疑，山色依稀近衡嶽⑳；更欲問，武陵桃源深幾許？此時，上下古今，東西南北，隨心冥想，任情逍遙，胸懷何等超曠！然而，東歸之舟，沮滯不發，黃昏落日時分，誰堪共話心語？末句點出「懷」字，深情無限。——按：若據有我之境與無我之境為說，則三四句是無我之境，五六句是有我之境。實則，到得物我交融，內外不隔，便無須作此分別。此意可參看下一首詩。

(五)〈睡起寫懷〉

江日熙熙春睡醒　江雲飛盡楚山青

⑳ 據《陽明全書》詩錄卷二〈南遊三首〉之弁語，知陽明自京師赴謫時，與湛甘泉有南遊衡嶽之約。陽明念念在心，時切懷想。如今謫滿放歸，東入沅湘，思及老友舊約，不覺心注神馳。故曰「山色漸疑衡嶽近」。

閑觀物態皆生意　靜悟天機入窅冥
道在險夷隨地樂　心忘魚鳥自流形
未須更覓羲唐事　一曲滄浪擊壤聽

熙熙，清明和樂之意。窅音秒，窅冥，深遠難見也。羲唐，指伏羲、唐堯。滄浪，水名。《孟子・離婁》篇載孺子之歌曰：「滄浪之水清兮，可以濯我纓；滄浪之水濁兮，可以濯我足。」〈擊壤歌〉，相傳堯時老人所唱，辭曰：「日出而作，日入而息，鑿井而飲，耕田而食，帝力於我何有哉！」按：陽明自龍場悟道，心體朗現，物我內外通而為一，只見天地間處處是生意洋溢，事事皆化機流行，寧靜澹泊，意境曠遠。有此心體，乃能有此詩句，自是藝進於道之作。道在、心忘二句，正是「君子無入而不自得」之境。造詣如此，當下現前即是至樂之地，何須更覓羲唐之世？程明道有詩云：「閒來無事不從容，睡覺東窗日已紅；萬物靜觀皆自得，四時佳興與人同。道通天地有形外，思入風雲變化中（變化，或作變態）；富貴不淫貧賤樂，男兒到此是豪雄。」二詩正可並觀。

㈥〈龍潭夜坐〉

何處花香入夜清　石林茅屋隔溪聲
幽人月出每孤往　棲鳥山空時一鳴
草露不辭芒屨濕　松風偏與葛衣輕
臨流欲寫猗蘭意　江北江南無限情

龍潭，在安徽滁州，是陽明講學之地。此詩前六句，寫花香入夜，茅屋溪聲，月出孤往，山空鳥鳴，芒鞋霑露，葛衣風輕，意境清雅俊逸，而節奏自然輕快。至末二句緩緩吐露心聲，情懷深摯，實與孔子「吾非斯人之徒與而誰與」，同一情志。琴操云：「猗蘭操，孔子所作。孔子歷聘諸侯，諸侯莫能任。自衛返魯，過隱谷之中，見薌（薌與香通）蘭獨茂，乃喟然嘆曰：夫蘭當為王者香，今乃獨茂與眾草為伍，譬猶賢者不逢時，與鄙夫為伍也。乃止車援琴，鼓之，自傷不逢時，託辭於薌蘭云。」據此，則陽明之意，從可知矣。

㈦〈桶岡和邢太守韻二首〉之一

處處山田盡入畬　可憐黎庶半無家
興師正為民痍甚　陟險寧辭鳥道斜
勝勢真如瓴水建　先聲不礙嶺雲遮
窮巢容有遺驅遣　尚恐兵鋒或濫加

桶岡，地在江西上猶縣境，與湖南桂東縣相鄰，邢太守，名珣，時任贛州知府，隨陽明平定桶岡賊寇。畬音奢，畬蠻，猺民之一種。其時，湘贛邊境山區，漢猺雜處，自山賊據桶岡稱叛，強占民田，四出劫掠，善良百姓，遂廣受塗毒，故曰山田入畬，黎庶無家。痍，創傷，喻人民之疾苦。陟音志，登也。鳥道，謂山勢險峻，無人行跡，僅有鳥跡蹊徑。瓴音玲，屋上仰蓋之瓦，俗稱瓦溝。《漢書．章帝紀》：「地勢便利，其以下兵於諸侯，譬諸居高屋之上建瓴水也。」陽明出奇兵，越嶺穿雲，攀登桶岡，然後居高臨下，攻入賊寨，先聲所加，賊遂潰敗。末二句是顧念為賊寇者，或有遭受驅迫，原非出於本心，猶恐官兵窮加追剿，濫有殺傷。可見陽明即使在兵鋒之際，亦是滿懷惻隱之心的。

(八)〈江邊阻風散步至靈山寺〉

歸船不遇打頭風　行腳何緣到此中
幽谷餘寒春雪在　虛簷斜日暮江空
林間古塔無僧住，花外仙源有路通
隨處看山隨處樂　莫將蹤跡嘆萍蓬

陽明四十八歲擒宸濠，群小羨功嫉恨，危疑洶洶歷時年餘。讀此詩可知陽明處逆境之涵養與本領。雖蜚語流言，驚濤駭浪，而陽明總是神明在躬，天清地寧。幽谷殘雪，斜日暮江，而林間古塔，僧跡已杳，此是何等虛寂之境！但由寂通感，則天地萬物皆在我心感應之中。於是乎，心境豁然開朗，仙源亦有路可通。雖有蹤跡飄泊之勞，卻無浮萍飛蓬之感。「阻風」本是行舟之阨，陽明反以得此探幽機會為幸。事事不掛礙，處處得真樂。到得「寂」「樂」交融，即是最高之詩境。

陽明何以能至此境？第一二句詩已經透露出他的言外之意了。據《年譜》推求，此詩當作於四十九歲初春。次年陽明即揭示「致良知」之教。陽明自經宸濠之亂與張忠許泰之變，益信良知真足以忘患難，出生死。所以陽明常說良知之說，乃從百死千難中得來，宸濠之亂與忠泰之變，便是百死千難中最吃緊的關頭。若不是這一陣勁厲急驟的「打頭風」，也許陽明的心路歷程一時不能踏實良知一關而優入聖域。讀者若能順此意思看第一二句，則後六句的意指，也就豁然躍然，而可莫逆於心。

(九)〈詠良知四首示諸生〉

個個心中有仲尼　自將聞見苦遮迷
而今指與真頭面　只是良知更莫疑（其一）

問君何事日憧憧　煩惱場中錯用功
莫道聖門無指訣　良知二字是參同（其二）

人人自有定盤針　萬化根緣總在心
卻笑從前顛倒見　枝枝葉葉外頭尋（其三）

無聲無臭獨知時　此是乾坤萬有基

拋卻自家無盡藏　沿門持鉢效貧兒（其四）

有仲尼，是說人人皆與孔子同此心同此理。此心此理，即是良知。只因常人蔽於見聞俗習，將這個天所與我的良知遮迷了，故不敢覿體承當。其實，一念警策，自反即得。孔子曰：「我欲仁，斯仁至矣。」孟子曰：「反身而誠，樂莫大焉。」陽明之意，實本於此。

憧憧，心意不定也。魏伯陽與禪師石頭希遷皆撰有《參同契》。陽明此處是借參同二字，以喻「致良知」之教並非一家之私意，而是會合前聖之意而提出的講學宗旨。

定盤針，即指良知本心。本心是生化原理，是道德之根，價值之源，它自定方向，自發命令，一切價值，皆是良知本心之發用流行，皆是良知本心所創生。若無知善知惡的良知本心，如何能「為善去惡」，不為善、不去惡，如何能創造價值、成就善德、善行與善事？世人顛倒，逐物而外求，此其所以為世人耳。

良知不是一個物，它無聲無臭，無形無色，只是一個天理。人一念發動，分善分惡，良知自然知之。而此「人所不知而己所獨知」之時，便是立善成善之根，便是乾坤萬有之基。這是人人先天本有的，所以是自家無盡寶藏。若舍此而外求，無論求之於聞見俗學，或求之於佛老二氏，皆是違離聖道，沿門托缽。

此四詩皆詠良知，當下直指，句句自心中流出，親切無比。

(十)〈南浦道中〉

南浦重來夢裡行　當年鋒鏑尚心驚
旌旗不動山河影　鼓角猶傳草木聲
已喜閭閻多復業　獨憐饑饉未寬征
迂疎何有甘棠惠　慚愧香燈父老迎

南浦，南昌城郊地名。陽明四十八歲平宸濠之亂，又巡撫江西。德惠廣被，士民愛戴。五十六歲，詔命征思田苗猺之亂。十月過南昌，「至南浦，父老軍民，頂禮林立，填途塞巷，至不能行。父老頂輿進入都司。又競先就謁，東入西出；有不舍者，出而復入。自辰至未始散。明日，謁文廟，講《大學》於明倫堂。諸生屏擁，多不得聞。唐堯臣獻茶，得上堂旁聽。初堯臣不信學，聞先生至，自鄉出迎，心已

內動；比見擁謁，驚曰：『三代後安得有此氣象耶！』」（見《年譜》）

詩之三四句，乃「山河不動旌旗影，草木猶傳鼓角聲」之倒裝句式。意謂如今干戈早息，山河之間已不見旌旗之影，然風吹草木，似乎仍帶鼓角之聲。閭閻，泛指民間。甘棠，樹名。召公巡行南國，治政勸農，止舍於甘棠之下，既去，民思其德，遂愛其樹，而作甘棠之詩，見《詩經・召南》。後世乃有「甘棠遺愛」之稱。江西遭宸濠之亂，又連年水旱，塗毒甚慘。陽明為巡撫時，屢上寬租恤民之疏，皆不果。讀前四句詩，可知陽明劫後餘生之感，實與民同。再觀「多復業」「未寬征」之句，更令人泫然欲涕。亂後六七年，民猶未「全復生業」，不過「多復業」而已。民多復業固然可喜，然而饑饉連年，朝廷竟一意苛斂，不稍寬假，民何以堪？陽明愷悌仁愛，其末二句詩，亦不是虛套客氣之辭，而是真心流露的感痛之言。凡言語不從實心流出，便是虛矜假言。或是「道閒情」、「強說愁」、或是「粘牙嚼舌」、「無病呻吟」，皆非真實言語，如此者，又安得謂之詩乎！

附錄一

王陽明學行年表

王守仁，字伯安，自號陽明子，學者稱陽明先生。

明（西元）	干支	陽明年歲	事略	備考
憲宗成化八 一四七二	壬辰	一	九月三十日生於浙江餘姚。	
一八 一四八二	壬寅	一一	隨祖父竹軒翁赴京，過金山寺，賦詩云：金山一點大如拳，打破維揚水底天；醉依妙高臺上月，玉簫吹徹洞龍眠。	・去年，父龍山公舉進士第一。
一九 一四八三	癸卯	一二	寓京師。一日，問塾師曰：何為第一等事？曰：惟讀書登第耳。陽明疑曰：登第恐未為第一等事，或讀書學聖賢耳。父龍山公聞之，笑曰：汝欲做聖賢耶？	・門人王艮心齋生。 ・明年，門人季本彭山生。

二二	一四八六	丙午	一五	遊居庸三關，慨然有經略四方之志。	·門人何廷仁善山生。
孝宗弘治元	一四八八	戊申	一七	七月，親迎夫人諸氏於南昌。合巹之日，偶閒入鐵柱宮，與道士對坐而忘歸，次早始還。	·去年，私淑弟子聶豹文蔚生。 ·門人徐愛曰仁生。
二	一四八九	己酉	一八	十二月返越（會稽），過廣信，謁婁諒，教以宋儒格物之學，並謂聖人必可學而至。陽明契之。是年，勵志諸經子史。	·明年，門人劉文敏兩峰生。（又門人劉邦采師泉，長於兩峰四五歲。見《龍溪語錄》。）
五	一四九二	壬子	二一	舉浙江鄉試。是年為宋儒格物之學，格竹子得病，念聖賢有分，乃隨世就辭章之學，與當時詩文之士李夢陽等，以才名爭馳騁。	·去年，門人鄒守益東廓生。婁諒一齋卒。 ·是年，門人黃宏綱洛村生。 ·後年，門人陳九川明水生。
一〇	一四九七	丁巳	二六	寓京師。邊報甚急。學兵法，每宴，覆果核列陣勢為戲。凡兵家祕書，莫不精究。	·去年，門人歐陽德南野、錢德洪緒山生。

一一 一四九八	戊午	二七	是年，自念辭章藝能，不足以通至道，乃循朱子之說循序由博以致精，終覺物理與吾心判而為二。沉鬱既久，前疾又作。益覺聖賢有分。偶聞道士談養生，遂有遺世入山之意。	•門人王畿龍溪生。
一二 一四九九	己未	二八	舉進士。疏陳邊務八事，言極剴切。次年，授刑部主事。	
一四 一五〇一	辛酉	三〇	奉命審錄江北，多所平反。遊九華山。	•去年，陳白沙卒。
一五 一五〇二	壬戌	三一	五月復命，隨又告病歸越，築室陽明洞，行導引術，能先知。久之，悟曰：此簸弄精神，非道也。乃屏去。尋又思離世遠去，惟祖母與父在念，因循未決。忽悟曰：此念生於孩提，此念可去，是斷滅種性矣。自此，遂悟二氏之非。	
一七 一五〇四	甲子	三三	主山東鄉試，作《山東鄉試錄》。九月改授兵部主事。	•私淑弟子羅洪先念菴生。
一八 一五〇五	乙丑	三四	在京師，首倡身心之學，與湛甘泉一見定交，共以倡明聖學為事。是年，門人始進。	•甘泉為陳白沙弟子，長陽明六歲，而後卒三十二年，九十五歲。

武宗正德元 一五〇六	丙寅	三五	上封事，反抗劉瑾濫權，下詔獄。尋謫貴州龍場為驛丞。	
二 一五〇七	丁卯	三六	赴謫，至錢塘，劉瑾遣人偵害，得脫，走定海，至福建。十二月返錢塘，赴龍場驛。臨行，徐愛納贄北面。	
三 一五〇八	戊辰	三七	春至龍場。時劉瑾憾未已。自計得失榮辱皆能超脫，惟生死一念，尚覺未化，乃為石棺，自誓曰：吾惟俟命而已。日夜端居澄默，以求靜一。久之，胸中灑灑。忽中夜大悟格物致知之旨。始知聖人之道，吾性自足。向之求理於事物者，誤也。乃以默記五經之言證之，莫不脗合。	
四 一五〇九	己巳	三八	主教貴陽書院，始論知行合一。冀元亨、蔣信從學。	
五 一五一〇	庚午	三九	三月，升廬陵知縣。十一月赴京入覲。十二月升南京刑部主事，未就任。	
六 一五一一	辛未	四〇	一月，調吏部主事。在京師，論朱陸之學。僚友方獻夫位在陽明之上，比聞論學，遂執贄師事陽明。	・王心齋之子東崖生。
七 一五一二	壬申	四一	在京師，三月升考功清吏司郎中。是年顧應祥、黃綰、徐愛等同受業。十二月，升	

			南京太僕寺少卿。便道歸省，與徐愛同舟歸越，論學甚歡。	
八 一五一三	癸酉	四二	三月至越，與徐愛等遊山論學。十月，至滁，督馬政。從遊日眾。以默坐澄心為學的。有未發之中，始有發而中節之和。視聽言動，大率以收斂為主，發散是不得已。	
九 一五一四	甲戌	四三	四月升南京鴻臚寺卿，南京論學，只教學者存天理去人欲，為省察克治實功。門人徐愛、季本、陸澄等皆來相聚。	
一〇 一五一五	乙亥	四四	立再從子正憲為後。	・羅汝芳近溪生。
一一 一五一六	丙子	四五	九月，升都察院左僉都御史，巡撫南贛汀漳等處。王思輿語季本曰：陽明此去，必立事功。本曰：何以知之？曰：吾觸之不動矣。	
一二 一五一七	丁丑	四六	正月至贛州，行十家牌法，選民兵。二月平漳寇，四月班師，疏通商稅鹽法。九月，改授提督南贛汀漳等處軍務，給旗牌，得以便宜行事。十月，平橫水、桶岡諸寇，十二月班師回	・歐陽南野弟子胡直廬山生。

			贛州。	
一三 一五一八	戊寅	四七	正月，討擒浰頭賊首。二月襲平三浰諸寇。四月，班師回贛。舉鄉約，立社學，作〈訓蒙大意〉。 六月，升都察院右副都御史。 七月，刻古本《大學》，作〈大學古本序〉。 門人又刻〈朱子晚年定論〉。八月門人薛侃刻《傳習錄》。 在贛二年，雖兵務繁忙，仍講學不輟。門人薛侃、歐陽德、何廷仁、黃宏綱等皆講聚不散。	
一四 一五一九	己卯	四八	六月，奉詔赴福州勘處叛軍。十五日舟至豐城，聞寧王宸濠於十四日反於南昌，遂返舟吉安，起義兵，門人鄒守益來會。七月十八日會兵豐城，十九日發兵攻南昌，二十日克復之。二十六日擒宸濠於鄱陽湖舟中。陽明在南昌，雖兵凶戰危，仍日坐都察院，開中門，與士友講學不輟。十月，奉命巡撫江西。此後遭張忠、許泰諸佞倖之讒忌，危疑洶洶，歷時年餘。	
一五 一五二〇	庚辰	四九	五月江西大水，六月陽明巡行至吉安，答羅整菴論格物致知書。	・按：羅整菴守程朱學，長陽明七

			至贛州，大閱士卒，教戰法。蓋宸濠之亂，實有內應，濠既擒，忌者搆為飛語，且挾天子以為亂階，天下人心洶洶，陽明據上游，實有深意。 九月，至南昌，泰州王銀服古衣冠，執木簡求見，與論致知格物，乃拜服，稱弟子。陽明易其名曰艮，字汝止。是時，門人陳九川、歐陽德、魏良弼等日侍講席。 是年，作〈象山文集序〉，〈禮記纂言序〉。	歲。
一六 一五二一	辛巳	五〇	居南昌，正月正式揭示致良知之教。 《年譜》記云：自經宸濠忠泰之變，益信良知真足以忘患難、出生死。所謂考三王，建天地，質鬼神，俟後聖，無弗同者。乃遺書鄒守益曰：近來信得致良知三字，真聖門正法眼藏。往年尚疑未盡，今自多事以來，只此良知無不具足。譬之操舟得舵，平瀾淺瀨，無不如意。雖遇顛風逆浪，舵柄在手，可免沒溺之患矣。《年譜》又引陽明之言曰：某於此良知之說，從百死千難中得來，不得已與人一口說盡，只恐學者得之容易，把作一種光景玩弄，不實用功，負此知耳。	

			五月，集門人於白鹿洞，欲久聚講學。 六月，世宗即位，特召陽明，當道阻之，改升南京兵部尚書，參贊機務。疏請便道歸省。 八月至越。九月歸餘姚省祖塋，錢德洪等來受學。 十二月封新建伯。	
世宗嘉靖元 一五二二	壬午	五一	二月，父龍山公卒，陽明居喪在越。時御史程啟元承宰輔意，論劾正學，謗陷陽明。	•劉兩峰弟子王時槐塘南生。
二 一五二三	癸未	五二	二月，門人鄒守益、薛侃、王艮等侍，言及謗議日熾，因謂：吾自南京以前，尚有鄉原意思，在今只信良知真是真非，更無掩藏回護，才做得個狂者胸次。使天下人盡說我行不掩言，吾亦只依這良知行。 黃梨洲謂：陽明居越以後，所操益熟，所得益化。時時知是知非，時時無是無非，開口即得本心，更無假借湊泊，如赤日當空而萬象畢照。 是年，王畿始來受學。	
三 一五二四	甲申	五三	是年門人益進，來自四方，環而坐聽者三百餘人。	

				劉文敏、劉邦采始來受學。 中秋，與門人百餘會宴於天泉橋。陽明見諸生興劇，退而作詩，有「鏗然舍瑟春風裡，點也雖狂得我情」之句。 十月，門人南大吉續刻《傳習錄》於越。	
四	一五二五	乙酉	五四	是年，陽明三年服滿，例應起復，御史石金、禮部尚書席元山交章論薦，皆為輔臣所抑，不報。 九月，與門人定會於龍泉寺之中天閣，以每月朔望初八廿三為期。是月，答顧東橋論學書。 十月，門人立陽明書院於越城。 是年，作〈親民堂記〉、〈稽山書院尊經閣記〉、〈重修山陰縣學記〉。	・正月，夫人諸氏卒。
五	一五二六	丙戌	五五	三月，答門人鄒守益論禮書。四月，答門人歐陽德書。八月答聶豹第一書。 十一月，子正億生，繼室張氏出。	
六	一五二七	丁亥	五六	四月，鄒守益刻《文錄》於廣德州。 五月，詔命兼都察院左都御史，總制四省軍務，征思田。 九月發越中，應門人請，授〈大學問〉。 行前一日，錢德洪王畿夜侍於天泉橋，囑	

二子遵依四句宗旨：「無善無惡是心之體，有善有惡是意之動，知善知惡是良知，為善去惡是格物。」又云：以此自修，直躋聖位，以此接人，更無差失。自初學至聖人，只此功夫。

入江西，發舟廣信，沿途諸生請見，俱婉謝，許回途再見。徐樾（波石）追至餘干，登舟問學。陽明告以心體無方所。譬之此燭，光無不在，不可以燭上為光。

十月至南昌。父老軍民頂香林立，填途塞巷，至不能行。父老頂輿傳遞入都司。先生命父老軍民就謁，東入西出，有不舍者，出且復入，自辰至未而散。士人見而驚嘆曰：三代後安得有此氣象耶！明日謁文廟，講《大學》於明倫堂。

至吉安，大會士友於螺川驛，曰：良知之妙，真是周流六虛，變通不居，若假以文過飾非，為害大矣。

十一月，至廣西梧州。

十二月，詔命兼巡撫兩廣。

一五二八

七

戊子

五七

正月，進駐南寧。

二月，思恩、田州土酋率一萬七千餘眾自

縛請命，思田遂平。興學校，撫新民。

七月，襲八寨、斷藤峽諸蠻，破之。

十月，以疾劇，上疏請告，遂自梧至廣，待命於韶關南雄之間，疏上，不報。

是月，與聶豹第二書，謂為學工夫，只須說個「必有事焉」，時時集義、致良知，更不必說勿忘勿助長。又與鄒守益書，謂體認天理、勿忘勿助之說，大約未嘗不是，然與聖門致良知之功，尚隔一塵。

十一月二十五日越大庾嶺，二十九日卒於江西南安之青龍舖。臨終，門人問遺言，曰：此心光明，亦復何言！

明年，歸葬於越。

附識

・陽明卒後，朝中有異議，爵蔭贈諡諸典不行，且下詔令削爵、禁偽學。然門人後學堅篤精誠，仍遍建書院精舍祠宇於天下，講學不輟。

・卒後之七年，刻《文錄》於姑蘇。

・卒後之二十八年，刻《傳習續錄》。

・卒後之三十五年，《年譜》成。錢德洪主稿，羅洪先考訂。

・卒後之三十九年，穆宗即位，復伯爵，追贈新建侯，諡文成。

・卒後之四十四年，刻《王文成公全書》。

附錄二 日本的陽明學及其特色

一、引 言

四月二十日，筆者應邀參加中華學術院頒贈名譽哲士學位給日本學者岡田武彥先生的典禮以及典禮後的座談會。座談會討論的主題，原定為「如何加強中日兩國陽明學之研究」。但與會者都沒有就題發言，而卻異口同聲的說了些感嘆的話。原來岡田先生在典禮中致答詞時，一再稱頌他的老師楠本正繼先生，並表示他的成就完全是恩師所賜，對於這個榮譽學位的頒贈，他實在不敢當，他只是代表他的恩師來接受。同時，他還回憶他老師彌留之際告訴他說：「我死後你如向我致祭，不必做祭文，只要在我靈前誦讀《中庸》首章，我在九泉之下便能獲得最大的安慰。」岡田先生的話，造成了一種感人的空氣，一直從大仁館一樓的典禮會場，洋溢到大恩館十樓的座談會中。

首先在座談會講話的，是輔仁大學校長于斌樞機，他表示，楠本先生的遺言，以及岡田先生奉行恩師遺言的行誼，將會比岡田先生送與他的著作給他更大的啟示和感動，並且令他永難忘懷。接著講話的是錢賓四先生，他說楠本先生在世時，與他有文字交往。楠本氏五世儒學，深蘊厚積而傳於岡田武彥先生。從楠本氏的遺言與眼前岡田先生「言必稱師」的謙謙君子之風看來，楠本氏五世儒學之道是真的傳下來了。他並且感慨地說，這個道原來是中國的，如今中國似乎失去了它，而在日本卻古道猶存。之後，還有幾位說了話，也仍然不是座談的題旨。本來就這個題目表示意見，也頗有無從說起之感。根本的原因，是我們對於日本學界研究陽明學的情況甚為隔閡，而陽明學在日本興起發展的史實，一般地說也所知有限。（據筆者所知，國人介紹日本陽明學的書，只有張君勱先生的《比較中日陽明學》。）但也正因如此，我們乃更有了解日本陽明學以及加強中日二國陽明學研究之必要。

二、日本陽明學之興起與傳授

日本初期的宋學，是由留學我國的一些僧侶傳過去的。他們在中國住了五六年、十多年之後回到日本，有的以專講四書為事，有的在講禪學之外，也注重程朱之書。所以後來佐藤一齋便稱這些留華僧為「身披禪衣，心服闕里之人」。（闕里為孔子故里，心服闕里即心服儒學之意。）到了德川時代的藤原惺窩（一五六一—一六一九），以僧侶之身忽而還俗，是為日本儒者脫離佛教而獨立之始。藤原氏亦就成為京都朱子學的元祖。他的弟子林羅山（一五八三—一六五七）則成為江戶朱子學的開山。

陽明學在日本的興起，雖略晚於朱子學，但陽明在生的時候，卻和日本人有了關係。正德六年，日本派了一位八十七歲的和尚使者桂悟了庵來到我國，住了二年。當正德八年（一五一三）了庵由寧波歸國之時，陽明正好在浙中，因而與了庵見了面，並送給了庵一篇親筆寫的序。這時陽明四十二歲，離龍場之悟雖已有五年，但《傳習錄》尚未輯印，其「致良知」的宗旨也還沒有提出來。而了庵回國之次年，即以九十高齡去世。所以了庵對於陽明「學」大概說不上什麼關係，但對於後來陽明學在日本的興起，應該會有啟導的作用。

日本第一期陽明學的元祖是中江藤樹（一六〇八—一六四八）。他本信朱子學，三十三歲始讀到陽明弟子王龍溪的《語錄》，但心疑龍溪近於禪。到三十七歲時，他在書肆見到《陽明全集》，無力購買，慨然解下所佩大刀與店主交換。從此捨朱子而歸陽明。他告誡門弟子曰：「余信朱子學，命汝輩專以小學為準則，今始知其為拘泥之甚。蓋守規矩與求名利，原不可同日而語，然其害真性活潑之體則一。」又答人書曰：「余信朱學，用功甚久，但覺無入德之門。幸得《陽明全集》而熟讀之，於是數年之疑惑乃解，而有入德之把柄。」中江氏讀《陽明全集》後，雖僅四年而沒，但造詣很深。學者尊稱他為「近江聖人」。（近江是他的故鄉。）他有二位重要弟子，淵岡山屬內省派，熊澤蕃山屬事功派。

由於德川時代以朱子學為官學，對陽明學則常加歧視壓迫。所以日本之朱子學流傳久遠，綿延不絕，而陽明學則時斷時續。日本陽明學第二期的中興元祖是三輪執齋（一六六九—一七四四）。三輪氏初亦治朱子之學，年三十三，在友人家得《傳習錄》而讀之，於是捨朱而歸王。他所事的藩主不以奉王學為然，他便辭職家居，專以倡導陽明學為己任。卒年七十六。撰有《日用心法》與陽明《四言教講義》（四言教，我國習稱四句教）。在三輪氏的時代，細川侯曾有令禁止陽明學之傳習，但志操堅貞之士，未嘗因此廢陽明學，而三輪氏之功勞尤大。

日本陽明學第三期的人物，首數十九世紀前期的大鹽中齋（又稱大鹽平八郎）與佐藤一齋。

中齋（一七九三－一八三七）早歲喪母，育於大阪同姓之家為養子。他遊學江戶，一度為林羅山後裔林述齋之門下，後來得古本《大學》，於是依誠意致知之旨，私淑陽明。他廣集漢唐宋明清各家有關解釋《大學》之文，結撰成《古本大學刮目》，其中尤詳於王門各派對《大學》的解釋。張君勱先生說：「讀此書，而後陽明恢復古本《大學》之意，躍然如在紙上。此吾國學者所應為而未暇為之，大鹽氏可謂為吾國儒者補過之人矣。」

佐藤一齋（一七七二－一八五九）十九歲與林述齋相識，其後由林述齋舉他為昌平黌之教官（此乃日本幕府時代研究儒學之府，自林羅山以後，由林家子孫承襲其位）。一齋雖心服陽明，而表面上則避陽明學之名。在他答大鹽中齋的書信中有云：「姚江之書雖嘗讀之，然僅為自己針砭之用。以云此間（昌平黌）所教授，乃宋學，乃林氏家學。」因為幕府尊朱子學，一齋不欲觸犯忌諱，所以如此云云。以此之故，後人說他「陽朱陰王」。一齋門下人才濟濟，在他十多位著名弟子中，守朱子學者：大橋訥菴、林櫻宇、中村敬宇三人而已。其餘全是陽明學者。其中雖然沒有偉大的理論家，但卻轉為事功之表現。開國維新的重要人物如吉田松陰、西鄉隆盛，都是他的再傳弟子。（吉田氏為佐久間象山之弟子，西鄉氏為伊東潛龍之弟子。）而木戶孝允、山縣有朋、伊藤博文等，則又是吉田松陰所創設的松下村塾中的學生。

三、日本陽明學者的實踐精神

在《比較中日陽明學》中，張君勱氏曾歸結日本所以提倡陽明學之故，列為三點：

㈠陽明學簡易直截，合於《易經》所謂「乾以易知，坤以簡能」之條件，因而合於日人快刀利刃之性格。

㈡陽明學側重於「即知即行」，合於日人勇往直前之習慣。

㈢日本人注重事功，故將陽明學應用於人間社會，發生大效果。

據此可知，日本學者是以勇往實踐與注重事功之精神，來迎接陽明學的。第一期的中江藤樹與第二期的三輪執齋，都是持守堅定而勇於擔當之人。第三期的人物，則尤能熱烈堅執其內心的信仰，以奔赴一個理想而置生死於度外。茲略作介述，以見一斑：

㈠大塩中齋，早歲喪母，自小飽經憂患，深知民間疾苦。他一度做大阪東町執事高井山氏的助手，銳意圖治，其後高井山氏年老去職，跡部良弼代之，不滿中齋之鯁直，中齋乃辭官，立洗心洞學堂授徒講學。他〈祭陽明文〉有云：「願先生助我，不使此心朽。殺身成仁，固予所願。」其後大阪饑荒，中齋請跡部氏開倉庫賑濟貧民，不許，乃集同志二十人，與大阪豪商共謀救恤之法，而響應者寥寥無幾。為貫徹主張，中齋立即將藏書出售，得銀六百五十兩為賑恤之資，而跡部氏居然說他的義舉為「侮蔑長官」。中齋忍無可忍，於是發布檄文，宣示他效法湯武漢高祖與明太祖，以「弔民伐罪，執行天誅」之決心，向官府宣戰。結果眾寡不敵，父子自焚其家，繼之以自殺。年僅四十四。——後來吉田松陰與西鄉隆盛之殉國，都以大塩中齋為遺範。

㈡佐久間象山，早歲治經義文章，年二十三學於佐藤一齋，既卒業，留為助教。三十以後，注意西洋學術。他認為「泰西之學盛，孔子之教益得其資」。又說：「處今世善讀《大學》者，應兼治西洋之學。」佐久間的話，無形中消弭了日本漢學派與洋學派的爭辯。這是他大有功於日本思想界的地方。當日本攘夷論大盛之時，他上書政府，力言攘夷之不可。結果竟遭暗殺而死。他被宣布的罪狀，是「此人唱西洋學，主交易開港之說，其誤國之罪難捨，是為國賊，加以天誅」云云。

㈢吉田松陰（一八三〇—一八五九），年十五，即能為毛利藩主講《孫子兵法》虛實論。年二十二從藩主遊江戶，始學於佐久間象山。佐久間勉勵他：「士不貴無過，貴能改過。改過固可貴，能償過尤為可貴。際此國家多事，能為難為之事，能立難立之功，乃償過之大者也。」後立志遊學海外，佐久間有送行詩激勵他。結果偷渡不果，他自覺觸犯政府逃海之禁令，於是自首入獄，佐久間亦因詩受累同入獄中。次年出獄，設松下村塾講學，毛利藩主的明倫館（政府學校）為之一空。村塾學生如木戶、山縣、伊藤等皆成為維新中心人物。三年之後，有血盟事件出現，吉田氏入獄，受死刑宣告，年僅三十。下面所節錄是他與父母訣別之家書：

神州正氣，既已為邪氣所消蝕歟！兒一念及此，食不下咽，寢不安蓐，惟悲死之不早而已。……是以兒私不自量，糾合同志，神速上京，獲間部（間部詮勝）之首，貫諸竿頭，上以表吾勤王之衷，且振江家之名聲，下以發天下士民之公憤，而為舉旗趨闕之首魁，如是而死，死猶生也。

吉田氏死後之三十年，德富蘇峰特加崇讚，他說：「先生實具日本男兒之真面目。第一、明大義名分。第二、以身殉其理想，即言而必行，且行而不息。第三、一切動機，皆為君國，而不為自己。先生之特色，多血多情，而富於人間情味。若大見識家，或可求之他人；若大改革家，或可求之他人；大經綸家與大手腕家，亦可求之他人。至若日本男兒之標本，我本我潔白之良心，獨以一票為先生投之。」德富氏這幾句話，實令人心生感動。

(四)西鄉隆盛（一八二七－一八七七），是倒幕勤王的有力人物，其事功之卓著，至今日本人士猶然傾倒不置。他早年曾讀《近思錄》，後治陽明學，又手抄他太老師佐藤一齋的《言志錄》，而且著有《大學講義》與《孟子講義》。

西鄉氏手訂的薩長盟約，為後來明治天皇五條誓文之張本。討幕之役，他任東征總督府的參謀。德川氏自行請罪，戰爭告終。西鄉氏又倡廢封建改郡縣。等到大局稍定，他又倡征韓之議，而他的同門大久保田東與吉田松陰的弟子木戶孝允等都加以反對。於是，西鄉隆盛退居鄉里鹿兒島，自設私校，自藏軍火，並訓練軍隊，占領九州，政府發兵討之，這就是所謂西南戰役。西鄉氏陷於重圍之中，終於自刃而死。他可算一個堅執己見而不計成敗生死之人。

(五)伊藤博文，是維新時期著名的政治家，他的為人，也頗有豪俠之情，而且敢於秉其所信而行其所是。其師吉田松陰處死之日，他和同門躬收吉田氏的遺體，各脫上衣下衣與衣帶，為吉田氏穿戴安葬，並書「二十一回猛士之墓」八字為墓標。其後他遊學英倫，遙聞國內攘夷之論大盛，且將對英國宣戰，於是立即放棄學業，束裝歸國，以諫阻當局攘夷之策。他力主改革，但主張逐步前進。憲法公布之後，又組織政友會，自任總裁。主張在尊王大義之下，扶植民權，以樹立政黨政治之規模。他原先反對西鄉氏之征韓論，後來中日甲午之戰，日本併吞韓國，他卻參與其間。我們可以責備他是侵略主義之實行者，他也終於死於韓國志士安重根之暗刺。但就他自己而言，也算行其所是，身殉國事，可謂能實踐其師松下村塾「死而後已」之士規。——在此，有一點必須鄭重一辨：日本陽明學者所表現的勇往實踐之精神，雖然很有壯采，但像西鄉隆盛與伊藤博文之死，實只能算是國之忠烈，而不足以言君子之節義。因為他們的死，都與征韓直接相關，而征韓是滅人之國，乃大不仁、大不義之事，這如何通得過自己良知之許可？天下豈有主張滅人之國與從事滅人之國的陽明學者？因此，我們可以下一斷語：「日本之陽明學促成開國維新，是得善果。而維新之後又有征韓之論與併吞韓國之事，此則表示日本王學精神之死亡。」中山先生勸誡日本「勿為霸道之鷹犬，應為王道之干城」。我認為這二句話，日本應該奉為「國訓」。

日本的儒學者雖不長於精微奧妙之議論，但他們在理論之實行方面確有國人所不及之處。張君勱氏在《比較中日陽明學》書中，曾有五點歸結，玆錄於此。至其意義，下文第五節當再略加論述。

㈠日本學者對於朱王兩家，絕不偏袒，三輪氏嘗言「信王固深，尊朱亦不淺」，佐藤氏「陽朱陰王」，亦即此兼容並包之態度。

㈡日本王學對於「知行合一」與「即知即行」八字，尤為著重。言而不行，日人引為深恥，此吉田松陰、西鄉隆盛所以以身殉其所信也。

㈢日本人對於道德觀念如忠君愛國，如弔民伐罪，視之為一種理念或柏拉圖之意典，盡量從真善美方面做去，絕不許加以汙點，故「知行合一」云云，竟與「置生死於度外」同一解釋，尤為善之理念化之至者。

㈣吾國宋明儒家非不知殺身成仁，如文文山、陸秀夫之死，如東林志士之死；或為亡國以後不願降志辱身，或以言官犯顏敢諫，其死仍為消極的。而吉田氏之開國勤王，西鄉氏之務勤遠略，以自己之主動，造成一種局面，而身殉之，其死為積極的。

㈤日人本其所信，各主張其政策，因而有彼此政見之爭。然開港、鎖國之爭，繼之以勤王；征韓、反征韓之爭，歸結於內固國本；乃至憲法既行，在朝之保守者與在野之激進黨，終能協調於政黨政治之中。簡言之，雖爭而不至動武，不至動搖國本，猶之朱王門戶雖分，而不失其為「道為天下之公，學為天下之公」之根本道理。

四、日人論中日陽明學之特色

高瀨武次郎在他所著的《日本之陽明學》書中，有一段概括性的話：

大凡陽明學含有二元素，一曰事業的，一曰枯禪的。得枯禪的元素者，可以亡國，得事業之元素者，可以興國。中日兩國各得其一，可以為實例之證明。……明末之王學者流，紛紛擾擾，不為野狐禪，則為老氏之虛無，與晉代之竹林七賢無別，毀棄禮義，蔑視道德，……惟黃石齋、劉念臺二子（按：石齋為黃道周之號，念臺為劉宗周之號。宗周，即黃梨洲之師蕺山先生），學問事業兼備，且全其忠節，不愧為文成之徒。龍溪之精微，心齋之超脫，近溪之無我，雖於高尚方面或過於文成，奈其為枯寂何？此三子猶可恕，三子之末流則不可恕矣。

故吾人斷之曰：支那王學者，得枯禪元素，失其事業元素。反之，我邦陽明學之特色，在其有活動之事業家，藤樹之大孝，蕃山之經綸，執齋之薰化，中齋之獻身事業，乃至維新諸豪傑震天動地之偉業，殆無一不由於王學所賜與。日本之陽明學，反乎支那之陽明學派，而帶有一種懍然之生氣，能使懦夫立，頑夫廉，此由於國民性質之異有以致之也。日本國民之性質，比之中國，義烈而俊敏，傾於現實，富有實踐性；偶聞有微妙幽玄之理論，雖亦研究之，但未窺門奧，忽轉而顧及實行如何，其不得實行者則不取之。故玄妙精微之哲學，一度通過日本學者之頭腦，直化為淺近且便於實行；其抽象、純正、高尚之部分，則懷疑之、除去之，而不見其發達。

又井上哲次郎為高瀨氏之書作序，有云：

以德川時代之儒教哲學來分其派別，則有朱子學派、古學派、陽明學派、折衷學派四種。就中如陽明學派，人數雖不多，然均非腐儒，或以省察為事，或盡瘁於事功，其所以裨益於日本者，決非淺鮮。良以陽明學派在四派中最為實行之故也。更就其淵源所自之支那言之，陽明學派較朱子學派為富於實行性故也。我邦之陽明學派，較諸支那之陽明學派尤為富於活潑潑地之精神，且在實際方面所成就之事蹟，更使支那之陽明學派視之，瞠乎後矣。

井上氏在他主持的《陽明學月刊》之發刊辭中，又有如下一段話：

陽明一生工夫，不外「致良知」三字。至精至神，至明至妙，盡心盡性盡道之極致，而無復餘蘊。陽明嘗言：「知是行的主意，行是知的工夫，知是行之始，行是知之成。若會得時，只說一個知，已有行在。只說一個行，已有知在。」彼非以空言自高之人。知行合一，自有所得。故曰：「吾學得之九死一生之中」。其活眼活識，豈迂儒所能窺見哉？

井上氏指出陽明並非空言自高之人，而且其活眼活識非迂儒所能窺見。同時認為日本陽明學派，更富有「活潑潑地」之精神，而事功方面之成就，尤非中國陽明學者所能及。高瀨氏亦認為陽明學含有二元素，一曰事業的，一曰枯禪的。日人得其事業元素，遂成開國維新之大業；中國得其枯禪一面，遂致敗壞士風，招致明季之喪亂。井上、高瀨二氏所指陳的，對中國人來說，實多觸目驚心之言。其中所說，雖有粗疏誤解欠妥切處，然大體而言，亦不甚差。關於中國之所長，我們當然義不容辭，應該更求陽明學理論之發揚光大，但既有明末狂禪一段教訓，亦理應知所警惕而歸於切實之地。張君勱氏認為日本學者心地之淳樸與力戒言而不行之弊，頗足為國人師法。而今日振起王學之法，則應以下列四點為基礎：「一曰質樸之心地，二曰明辨之知識，三曰誠實之意志，四曰貞固之行為。」這四點提示，宜可視為踐履之依據。

五、明末王學未能成就事功之故

至於明末王學所以流為枯禪（我國習稱為狂禪）而不出現事功之故，牟宗三先生在張著校後記中，曾有深透之指述。其基本義旨，約有下列三點：

㈠宋明儒講學，無論言性即理，或言心即理，其對於道德意義之天理皆極鄭重。凡脫落「天理」義而言心言性者，則易與佛老混而有蹈空之弊。而程朱陸王諸大儒絕不如此。陽明將此天理攝於良知之中，故總言「良知之天理」「吾心良知之天理」。致知格物、知行合一，即是在道德踐履中實現此天理於人倫日用與各種事業。如此，自不蹈空，自能成就功業。

㈡根據陽明所言「致良知」、「知行合一」以奔赴一個客觀之理想，這其中含有：⑴超越之精神，⑵積極身殉之精神，⑶至純至簡之藝術浪漫情調。

㈢此超越精神與積極身殉之精神之能否具有，其關鍵唯視有無「客觀理想」以為斷。有客觀理想之湧現，而後乃能具備客觀精神以從事客觀實踐，成就事功。

就㈡㈢兩義言，張氏所謂「日人對道德觀念，如忠君愛國、弔民伐罪，皆視為一種理念，不許加以汙點」，「吉田氏之開國勤王，西鄉氏之務勤遠略，以自己之主動，造成一種局面，而以身殉之，其死為積極的」，以及德富氏謂吉田松陰「多血多情，而富有人間情味」，「一切動機，皆為君國而不為自己」，「以身殉其理想，言出必行，且行而不息」，此便是超越之精神，積極身殉之精神，與至純至簡之藝術浪漫情調。而日人本其所信，各主張一種政策，但雖有開港與鎖國之爭，而終歸於「勤王」；雖有征韓、反征韓之爭，而終歸於「固國本」；雖有政黨之爭，而能歸之於「憲政之規範」。凡此，即是日人在時代所凝結的客觀理想中，所具有的客觀精神。

有朱子學、陽明學蓄養其志氣，敦篤其踐履，而又在時代中湧現其客觀理想（勤王、征韓、行憲，皆是日人之客觀理想），並以客觀精神奔赴勇往，所以終能開國維新，引生大業。

而在中國，則並沒有發揚陽明學的「事業元素」與「活潑潑地」之精神，以引發國人之超越精神與積極身殉之精神以及客觀精神。這是最值得反省的。

黃梨洲在《明儒學案》中說，陽明之學因龍溪、泰州而風行天下，而弊亦隨之。王龍溪是陽明晚年的大弟子，穎悟辯才皆超常過人，他講學著重良知之「虛靈」義、「明覺」義，而於良知之「天理」義則不免因立言疏闊而有所輕忽。他的言詞玲瓏剔透，如珠走盤，不離一處，不著一處，縱橫妙悟，俯視天下。當然，講虛靈明覺，亦未必就否定心之天理義，但重於彼而輕於此，則有弊。龍溪本人還能不失其精透，但別人從他那裡一轉手，便不免流於狂禪。（禪，如視為境界，實乃儒釋道三家所共同。至於流於狂禪，則是人病。）

至於泰州王艮（號心齋），本是一奇特之人。黃梨洲說：「陽明而下，以辯才推龍溪，然有信有不信。惟先生（心齋）於眉睫之間省覺人最多。謂百姓日用即道，雖僮僕往來動作處，指其不假安排者以示之，聞者爽然。」梨洲這幾句話，頗能概括泰州一派講學接人的情調與風格。心齋初見陽明，雙方辯論久之，嘆曰：「簡易直截，艮不及也。」次日又經一番論辯，方執弟子之禮。簡易直截，本是陸王一系的特點之一。但所謂「簡易直截」並不是脫離義理規範而寡頭獨行。儒家教義，原初有五經，至宋儒有四書，宋明儒即根據四書五經而建立義理之規範。而這義理規範，同時亦即堯舜三王周公孔子所傳承之文統，這裡即含有文化意識與客觀意識。而陸王尤更鞭辟入裡。象山之闢科舉時文而特重義利之辨，陽明之痛斥詞章訓詁名利之惡習，而思以精誠惻怛之仁的覺醒之移易之，皆表示其講學之時代意義。陸王之簡易直截，並不背離義理規範，其講學亦具備文化意識與客觀意識。但流於泰州學派，則義理規範既嫌不足，而文化意識與客觀意識亦不彰顯。而只套此簡易直截於揚眉瞬目之方法中，終致泛濫而失矩矱。泰州派下，多主自然，主活潑，主快樂。灑脫自在，衝破一切，此非豪傑之士不能，亦有大浪漫性在其中。而且「其人多能以赤手搏龍蛇」，有俠氣，有血性，有性情，此本可以見諸行動，發為事業，而終於不能者，實由客觀理想與客觀精神不具備之故。

到了晚明，顧、黃、王諸大儒，秉其強烈之文化意識與政治意識，反省歷史文化之傳統而要求開「外王」大業，客觀理想與客觀精神同時透顯。可惜滿清入關，大明淪亡，他們正大而健康的理想受到嚴重的壓抑，只有著書寄望於後世，而自閻若璩之徒效順滿清，華族之文化生命與學術精神遂泯喪而斬絕。這纔真是中華民族最大的不幸。

六、餘　言

上文說到陽明學在日本促成了明治維新，而維新後的擴張侵略主義卻造成日本王學精神之死亡。其後日本陽明學者的表現又如何？筆者孤陋寡聞，實無所知。至於中國自清代以來，陽明學或陸王學的進展情形，賀麟氏在《當代中國哲學》書中曾有述及。茲擇要約述如下：

賀氏首先提到：

㈠康有為於光緒十七年（一八九一）開始講學於萬木草堂，對梁啟超等「教以陸王心學」。

㈡其弟子譚嗣同亦「尊孟子，揚陸王」，其行徑近似王門泰州一派。賀氏認為「康譚二人皆以陸王之學為其中心思想，不過兩人皆以氣盛，近於粗疏狂放，比較缺乏陸王反於本心的精微窮理之工夫」。

㈢康氏另一弟子梁啟超主講湖南時務學堂（倒袁護國之蔡松坡，即梁氏此時之學生），亦以講陸王修養論與公羊、孟子民權論為主。去世前二、三年，仍著文斥朱子支離而發揮陽明良知之學。

㈣歐陽竟無在中日甲午之戰後，「感慨雜學無濟，專治陸王，期以補救時弊。當時對陽明之學，見之至深，執之至堅，友人勸他學佛法，皆被嚴拒。後因得見楊仁山居士，並遭母喪，方摒棄一切，歸心佛法。」「自九一八事變以後，忠義奮發，表彰陸王。」

㈤在新文化運動群起鄙薄傳統文化之時，梁漱溟氏挺身為儒家思想作辯護，「他自孟子及陸象山義利之辨出發」，「堅決站在陸王學派之立場，發揮孔子的仁和陽明的良知」。「不過梁先生注重的是文化問題，他發揮陸王一派思想，亦重在人生態度方面」。

㈥梁先生的講友熊十力先生，「得朱陸精意，融會儒釋，自造新唯識論。對陸王本心之學，發揮為絕對的本體，且本翕闢之說，而發展施設為宇宙論。用性智實證以發揮陸之反省本心與王之致良知……又發揮陽明即知即行的義蘊。」

關於清末以來陸王學得以發揚之故，賀氏提出了二點解釋：

㈠陸王注重自我意識，於個人自覺、民族自覺的新時代，較為契合。因為過去五十年，是反對傳統權威的時代，提出自我意識、內心自覺，於反抗權威、解脫束縛，或較有幫助。

㈡處於青黃不接的過渡時代，無舊傳統可資遵循，無外來標準可資模擬，只有凡事只問良知，以求諸心之所安，提挈自己的精神，以應付瞬息萬變之環境。庶乎我們的新人生觀、新宇宙觀，甚至於新的建國的事業，皆建築於心性的基礎或精神的基礎上面。

按賀氏之書撰於抗日戰爭勝利之前夕，故所述至抗戰時期為止。而上述諸人雖對王學之思想精神有所發揮，卻還沒有陽明學的專著。近二十多年來，研究陽明學的人也許不少，而真能將陽明哲學之精義，以專書作有深度之表述的，當推牟宗三先生的《王陽明致良知教》。該書於四十三年出版，四十五年，牟先生又撰〈陸王一系之心性之學〉，分三篇發表於香港《自由學人》。近二年牟先生又有各長四萬餘言之專論：〈王學的分化與發展〉與〈致知議辯疏解〉，發表於香港《新亞書院學術年刊》十四、十五兩期，此當是其宋明理學巨著：《心體與性體》第四冊之一部分（前三冊由正中書局出版）。至於近十多年來中國學者在國外弘揚陽明學的論著，則可參看今年三月中華學術院出版的《陽明學論文集》中，陳榮捷氏所撰的〈歐美之陽明學〉一文，茲不贅。

附識

本文撰於六十一年四月末，送交《華學月刊》於九月一日刊出，而九月二十九日日本背義撕毀中日和約。文中原曾對加強中日陽明學之研究交流提出數點意見，但中日既已斷交，則所謂文化交流，乃成無謂之談。茲刪之。且日本學者對文獻之整理雖然用功甚勤，但其解釋是否恰當相應，則很難說。因為這不是勤學的問題，而是解悟與識度的問題。義理思想的闡釋發明，日本學者既已自認非其所長，則有關哲學思想之研究，日本學者大概很難提供出有參考價值的著述。陽明學如此，整個中國哲學乃至佛學之研究，亦不例外。希望邦人君子，真正「莊敬」而「自強」，以激發學術意識，力求學術獨立。千萬不可再「沿門托鉢效貧兒」！

六十三年五月　補誌

附錄三　本書作者著述要目

(一)《孔孟荀哲學》　臺北　學生書局
(二)《孔門弟子志行考述》　臺北　商務印書館
(三)《墨家哲學》　臺北　東大圖書公司
(四)《中國哲學史大綱》　臺北　學生書局
(五)《宋明理學北宋篇》　臺北　學生書局
(六)《宋明理學南宋篇》　臺北　學生書局
(七)《新儒家的精神方向》　臺北　學生書局
(八)《王陽明哲學》　臺北　三民書局
(九)《儒家思想的現代意義》　臺北　文津出版社

(十)《熊十力先生學行年表》 臺北 明文書局
(十一)《牟宗三先生學思年譜》 臺北 學生書局
(十二)《新儒家與新世紀》 臺北 學生書局
(十三)《王學流衍——江右王門思想研究》 北京 人民出版社
(餘從略)

◎中國哲學史

周世輔／著　周玉山／修訂

本書採用西洋哲學理論中的「多分法」，將各哲學家思想統一分項（如人生觀、道德觀、宇宙論等），並擇要附錄於緒論之後，力求深入淺出，讓即使非文學院出身的讀者，也能輕鬆掌握中國哲學兩千年。

◎王陽明——中國十六世紀的唯心主義哲學家

張君勱／著
江日新／譯

本書內容深入淺出，能幫助讀者更正確地把握張氏在此方面論述上的真正意圖及洞見，是研究張氏思想與陽明心學的重要著作。

◎演化與人性——演化倫理學與儒家思想的創新

李雅明／著

作者李雅明在本書中，把達爾文的演化論思想應用到儒家人性論上，調和看似矛盾的孟子性善論和荀子性惡論，論證出這種有科學基礎的儒家倫理思想，並稱之為「科學的儒家人性論」。

◎莊子的生命哲學

葉海煙／著

莊子哲學不是鯤鵬的哲學，不是神仙的哲學，而是屬於天地間至真之人的哲學。作者在超越與辯證兩大原理引領下，經由或曲或直的思考路徑，向莊子哲學的高峰邁進。

◎老子的哲學

王邦雄／著

本書由生命修證，開出形上體悟；再由形上結構，探討其政治人生的價值歸趨；並由生命與心知兩路的歷史迴響，對老子哲學作一價值的評估，以顯現其精義與不足。